U0112641

[美] 彼得·萨伯 | 著
陈福勇 张世泰 | 译

洞穴奇案

The Case of the
Speluncean Explorers

Peter Suber

Nine New Opinions

九州出版社
JIUZHOUPRESS

期待第十五个观点

曾志朗

听说过富勒（Lon Fuller）的假想公案，但从来没有真正仔细读过。总以为那又是一群穿黑袍、戴白色假发的人，穷极无聊在一起耍嘴皮的记录罢了。就像我们这一行里的某些理论家明知人性复杂，却总是只挑出人性中的一两项较容易量化的变数，就大胆地玩起由人性预测行为的科学游戏来了。

书一拿起来就放不下的有很多，但这本"奇案"读起来非常沉重，重到我必须把自己的心提起来读，才能把每一位法官的观点弄清楚，而且一路读来，我心中的影像不停地变化，思辨的方向也一再调整，最重要的是对人、事、物与社会、文化的关联性，好像越来越能把握，对所谓人性的定义却越来越感到不可以掉以轻心。把书读完第一遍以后的感觉是，自己在思维的层次上有明显的进步，深度、广度都成熟多了！

富勒提出的洞穴里的杀人事件，表面看起来是很简单的"杀人就有罪"之判定故事而已，但从法律、社会、文化、人情、生物、道德的维度去探讨是否"罪有应得",就开始复杂化了!由原先五位法官就法、理、情去整理这个简单案子,却有复杂的不同观点,可见端倪。

把时间延伸五十年后,社会情境的变迁,使萨伯在原先的五个观点之上,又增加了九个新的看法,从"罪有应得"的辩证提升到原罪是否"情有可原"的另一层次,确实又把已经过分复杂的讨论,再添上缤纷的颜色,使得我们对法律在现代科技社会的定位越来越无法掌控,却又不得不努力用它来驾驭"人不得不犯错"的这头怪兽。

我一遍又一遍地读,每次的感受都不太一样,常常需要和别人讨论,才能了解不同观点的出发点。所以,若把这本书进一步当作通识教材,我一方面觉得是非常值得推崇的,一方面又觉得在师资、教法上一定要有很精致的规划,才能达到思维训练的效果。而且,这书中不同观点所点出的人情世故,也必须要有一位很有人生经验的老师来引导讨论的方向。此外,如何把这些观点延伸编成可以演出的法庭辩论,将会是一个有效的教学方式,更要鼓励学生就每一个不同观点,编出一个和书中不同但类似的案例来讨论,让他们从周遭的生活经验中去体会每一个观点的本质。

这本书对大多数的大学生或一般人而言,好好地读,确实可以提升思辨的能力,而且对于法律在生存与道德之间的定位,因社会、文化里人情因素的介入就会生变的过程也会有所警觉。我们学生的眼光、气度与教养,就是必须在这种反复思辨中被培养出来。

这本书以法官对"犯罪"的判决观点为主体，导引出法律的规范，其实是根源人情和追求社会公平正义的平衡而起，也可以看到意图的合理性和行为结果的公正性所导致的冲突，不需要很深的法律知识，人人都可以就情、理、法的各个维度去判断事件的对错。所以，对所有的现代人而言，与其说这是有关法律见解的说明，倒不如说是人总为自己找理由、寻求解脱矛盾的心理描述，法律就是使认知失调减至最低的条件。

从富勒到萨伯，五十年的社会变迁，增加了九个新的观点。我在想，如果科技进展再有五十年，对洞穴奇案的不同观点还有继续增加的可能吗？也许，就把这个问题当作期末考，让学生去发挥他们的想象力。第十五个观点，就会涌现呢！

（作者系台湾"中研院"副院长）

摆脱掩耳盗铃的法律形式主义

廖元豪

　　我们对"法律"与"司法"，经常有两种矛盾的情绪：一方面，我们期待它是客观中立的，因此法官不应有任何价值判断；另一方面，许多人却幻想法律与司法应该代表正义，不应拘泥于法律条文。

　　这种矛盾其实不仅存在于一般公众，同时也困扰着许多法界人士。而萨伯的《洞穴奇案》，或许能够提供给读者另一种视野。

　　在本书中，萨伯延续著名法律学者富勒（Lon L. Fuller）的一个假想案例：五名洞穴探险者被困于洞穴之中，并得知无法在短期内获救。为了维生以待救援，五人约定以掷骰子的方式选出一名牺牲者，让另外四人杀死后吃掉他的血肉。成员之一的威特莫尔是当初最早提出此建议的人，却在掷骰子前决定撤回同意。但另四人仍执意掷骰子，并且恰好选中威特莫尔作为牺牲者。获救后，此四人以杀人罪被起诉。他们该被判有罪吗？

　　介绍至此，敏感的读者应可感受到这个案例的法律复杂度与

4

争议性。本书的重点，不在于描述洞穴中的情景，而是叙述"虚拟法官判决理由"。富勒在 1949 年的原始版本故事中，虚构了五位大法官的五份判决意见，五人意见均不同。五位法学造诣精湛的大法官，面对同样的事实，适用相同的法律，却导出完全不同的结论！个别看他们无懈可击的论证，你似乎都会被说服，相信各个大法官的结论在法律上皆属天经地义。矛盾的是，他们的结论竟然天差地远！法律难道真是一场"文字游戏"？

萨伯延续着富勒的"游戏"，假设五十年后这个案子有机会翻案，另外九位大法官又针对这个案子各自写出洋洋洒洒的判决意见。结果是四票有罪，四票无罪，另一位大法官回避裁判，结果仍然维持原判！

其实富勒与萨伯都是借题发挥——每个"虚拟大法官"的意见，其实都代表了某一法律学派的见解。在这十四份意见书中，我们可以看到不同的法律哲学（而非"法律文字"）如何影响法官对法律与事实的解读。我们更可以在简短而生动的篇幅中，看到不同的法哲学理论怎样生动且激烈地进行对话。萨伯的"续貂"之作，其实也正是为了引进"后富勒"时代的美国法学思潮，诸如强调法律不确定性的"批判法学论"，认为法律就是成本效益分析的"法律与经济学"，以及从民主理论导出的司法消极主义等。

本书有趣之处，是运用虚拟实例，展现法律理论间的交锋对话。虽然美国法与我们有相当差距，但它的内容充满创意，论理修辞更是生动而贴近生活。而我们的司法判决总是充斥着艰涩又不通顺的文言文，更多半缺乏实质论证；法学者的论述则往往喜欢在抽象的概念上打转，却不谈实例。相比之下，《洞穴奇案》对一般读者，恐怕比本土的法律论述还更容易理解、更有吸引力。无论对一般大众或是法律人，这都是一本极佳的法律教科书，让我们重新认识"法律"这门学科！

（作者系台湾政治大学法律系助理教授）

思想的能力与司法技艺

赵　明

　　《洞穴奇案》是由十四位"法官意见书"构成的法哲学著作。其原创作者富勒乃是当代西方法哲学大师，他虚构了这桩洞穴探险者因受困洞中而杀害并吃掉同伴的刑事案件，并撰写了最高法院五位法官的意见书，目的"是使大家共同关注一些存在分歧的政治和法律哲学。这些哲学给人们提出了有关选择的问题，它在柏拉图和亚里士多德时代就被热烈讨论"。半个世纪后，萨伯教授忠实于富勒的写作目的而续写了九位法官的意见书。与当代通行的教科书和法哲学著作相异，本书通过十四位法官意见书的撰写，生动地展示了法哲学波澜壮阔且充满无限奥秘的历史长河，这是一条源自人类灵魂深处、由人类日常生活中根深蒂固的精神渴求所不断开掘的大川巨流，它因为人类生命的永恒冲动和精神的非凡创造力而始终向前奔流不息。可以预言，凡是认真阅读完本书的读者，都将深切地体会到自己在遭遇严酷的法律思想的拷问和道德情感的历险，以至于不再看重法哲学流派的划分和彼此之间的激烈论争，因为任何一个流派的思想立场未必就是不可动摇的，其核心观点也未必就是论证缜密而不可质疑的。其实，富勒已经提醒读者不要"对号入座"而"陷入自己设置的闹剧之中"，乃至于"不能领略纽卡斯国最高法院发表的观点中所包含的朴素真理"。

仅就这种写作方式而论，富勒深得柏拉图写作技艺的秘诀。在很大程度上可以说，柏拉图的几乎全部对话体作品都可以被视为"苏格拉底案件"的"法官意见书"，而本书所记录的十四位法官意见书其实正是诸位法官在审理同一案件过程中的对话录，尽管"苏格拉底案件"并非柏拉图的虚构。如果说，柏拉图的对话体作品明确提出并系统阐发了人类政治和法哲学的永恒主题，那么，这十四位法官的"对话"则绝非个人一时心血来潮的情绪宣泄，而是表达了无论哪个时代的思想家和伟大法官都应该严肃思考的法哲学主题及其时代内涵。尤其重要的是，无论基于理论的推进还是生活实践的需要，已经延续了数千年的法哲学对话都必须继续下去，而对话得以真正进行的前提条件则是独立的"思想的能力"之培育和锻造，每一个时代都在呼唤具有这种能力的"对话者"。

因此，我在这里向两类读者特别推荐《洞穴奇案》这本书：一类读者是法科学生；一类读者是法官。前者可以通过阅读此书，在了解和把握西方法哲学演进脉络的同时，想象自己为本案的主审法官而草拟能够自圆其说的判决意见书，进而真切地体察法哲学永恒主题的时代变迁和困境；后者则可以通过阅读此书，在获得令人振奋和赞叹的司法技艺之训练的同时，唤醒自己的精神文化记忆和思想激情，进而重新审视先前审结的诸多案件的学理意义并反思其道德基础，事实上，一位无愧于时代的伟大法官不可能对法哲学的永恒主题无动于衷。

依据亚里士多德的"本体论"哲学表达方式，"法律是什么"这一基本问题乃是法哲学的永恒主题。它显然不仅仅是为了技术性的应用，而是要对"法律"本身进行讨论，目的在于揭示法律的"真理"——法律"存在"的根源和基础。人类生活内在地需要法律，古希腊诗人品达说，法律是"国王"；历史学家希罗多德宣称，法律是"主人"；哲学家柏拉图甚至认为，公民是法律的"奴隶"。既然如此，法律的真理就必须予以追问和探究。这可以说是作为"此在"的人所担负的神圣使命。然而，有如海德格尔所说，作为"有限存在者"，"我们不可能了解整个存在"，更不可能一次性地了解"存在"，这一神圣使命的担负其实是一场没有终点的接力赛。柏拉图通过对话体的写作方式来传达法哲学的永恒主题，富勒通过法官意见书的形式来展示法哲学的历史长河，都因此而具有象征性的哲学意义：问题是永恒的，却又是人类任何时代都必须面对和决断的。

人类对法律"存在"之根源和基础的考量最初是通过神话和文学的言说方式来进行的；理性的言说方式也即法哲学的言说方式，乃是从神话和文学中发展而来的。正是神话和文学中所展现的生命存在的基本方式和生命存在的精神冲突构成了对法律"存在"的哲学探讨的基本语境。无论是古希腊柏拉图的对话体法哲学著述，还是当代富勒具有文学形式的虚构案件，都力图再现和传达这种基本语境。或许，富勒的"洞穴探险者"与柏拉图《理想国》中的"洞穴囚徒"具有某种深刻的内在关联性。希腊神话和悲剧作品无比鲜活地展示了人类精神世界的基本区分和冲突：是接受现状，还是拒绝？是接受人在生活中的命运，还是抗争？是接受现存法律，还是违反法律而犯罪？问题在于所有这些区分和冲突，神话和悲剧作品都没有能够提供理智地追问的思想范式，只有哲学家们才把生命的冲动和激情的张扬转化为理智的思考，他们通过概念的推导构建起一个语词的逻辑秩序，以为人们的生活提供理性的指引，呈现法律"存在"的根基和意义。

在柏拉图几乎所有对话体作品中，苏格拉底作为对话开展的引领者，在与人讨论哲学时总是采用"问答法"，或称"精神接生术"，其实质目的在于引导人们自觉运用逻辑程序以寻求具有普遍性意义和永恒不变的"逻各斯"，也就是通过平等的对话和相互辩驳，最终获致具有确定性意义的语词和概念。黑格尔在其《哲学史讲演录》中指出，这种所谓的"辩证法"，一方面是"从具体的事例发展到普遍的原则，并使潜在于人们意识中的概念明确呈现出来"；另一方面又是"使一般的东西，通常被认定的、已固定的、在意识中直接接受了的观念或思想的规定瓦解"。正是苏格拉底的哲学追求导致了古希腊哲人致思方向由"自然"转向"人"本身的问题，他期望教导人们打破日常经验意识和知识的局限性，超升到普遍的"逻各斯"层次而获得语词和概念的精确性，由此启迪人们踏上具有理智秩序的"思想"道路。柏拉图著名的"理念论"，作为思想方法最初也是要求人们回到语词和概念的本身，而语词和概念的"本身"意指"单纯性"，即不带有任何感性经验的成分，却又是一个真正意义上的"实体"，其他一切具体的东西只是由于"分有"了它才获得存在的根据和意义。有如马克思所说："语言是思想的直接现实。正像哲学家们把思想变成一种独立的力量那样，他们也一定要把语言变成某种独立的特殊的王国。这就是哲学语言的秘密。在哲学语言里，思想通过词的形式具有自己本身的内容。从思想世界降到现实世界的问题，变成了从语言降到生活中的问题。"本来，语词和概念是用来表达感性事物的，可它一经建立，就立即成为一个普遍的尺度而超越于感性事物之上，并对感性事物加以衡量，语词和概念本身则通过逻辑关联建立起独立而自足的体系，感性事物在通过它们获得自身规定性的同时，又成为阐明语词和概念含义的例证，正所谓语言本身成了"中心"。在柏拉图的文本世界里，我们看到的情景是，人们通过对话，通过反复辩难，通过让对方说出那些关键性语词，最终确立起普遍而永恒的"逻各斯"。柏拉图所理解的"辩证法"的本义其实就是一种"进行谈话的能力"，也就是一种真正"思想的能力"。正是这种能力才使得追问和揭示法律之"真理"成为可能。

　　《洞穴奇案》的十四份法官意见书，一方面充分展示了法哲学永恒主题的坚不可摧，以及它在不同时代作为特殊的精神产物所标示的人类心灵所达到的层次和高度，尤其展示了人类一代又一代作为"有限存在者"在担负追问法律"存在"之根源和基础的神圣使命的过程中，每一层次的开掘和高度的攀升都必须面临的思想张力和价值抉择的严酷，就像柏拉图作为对"苏格拉底案件"的哀悼式写作一样，激愤与宁静总是无比奇妙地交织在一起；另一方面，每一份法官意见书都敏锐而准确地抓住了一个核心的法律语词，并精确而富有深度地诠释了该语词的合理内涵，以此为中心建立起了具有"客观的思想"之论证效力的法律事实，无论是做出有罪判决还是无罪判决的法官，都充分地体现了自己独立的"思想的能力"。正是这种独立的"思想的能力"使得法官们彼此之间的具有平等精神的对话得以现实地展开，法律的"真理"也由此而得到多角度的揭示和全方位的显露。诚如萨伯所指出的那样："如果认为富勒调整了事实以致判决无罪和判决有罪的理由旗鼓相当，那就过于简单化地理解富勒的独具匠心了。果真如此，那么尽职的法官将无法做出判断，或只能通过向另一方意见做出重大让步，才能做出自己极不确定的裁决。相反，富勒通过精巧地裁剪事实，既给一些法官很好的理由去判决无罪，又给另一些法官很好的理由去判决有罪。这两种类型的大部分法官都确信事实是不平衡的，并且不平衡之处应该依他们的方式来解读。如果最终判决有罪和判决无罪的票数一样多，那主要是由于高级法院中的法哲学平衡而不是事实平衡所导致。优秀的法官们具有不同的哲学思想。富勒巧妙地裁剪事实以便引起人们对法律思想多样性的关注。"

这种独立的"思想的能力"意味着法哲学之"内在性思维"特征。富勒和萨伯倾力于"法官意见书"的撰写，除了希望"引起人们对法律思想多样性的关注"外，更是向人们昭示了在经验的司法实践中法官涵养"内在性思维"的重要性。这就是说，无论是法哲学的理论探究还是法官的司法实践，都必须明确法律"存在"的根源和基础就建立在其自身的"理念"之上，而不是借助于政治、经济、社会等外部力量以形成其权威力量。法律是正义的化身，换言之，正义乃是法律的"理念"，也即法律之为法律的存在根源和基础。法律无疑要从外部为政治、经济、社会力量乃至意识形态服务，但法律不依赖于这些力量而获得自身存在的根据，它从自身的根源和基础上获得力量，其他外部力量得以成立和正当化恰恰需要法律的助推，因为正义的根源性地位决定了法律和司法的至上权威。而法官们基于独立的"思想的能力"就相同案件做出不同的裁决，其所蕴含的哲学意义在于传达了这样的事实，即"绝对正义"是人生永远不可能直接经验得到的，正义也因而是神圣的，法律和司法于是成为通往"绝对正义"的航船和舵手。人们之所以必须守护法律的尊严和司法的权威，原因在于人们通过公开性的法律和中立性的司法尽管不可能直接经验到"绝对正义"，但坚信存在走向"绝对正义"的可能性，由此也坚信共同体生活的价值和维持共同体秩序的价值，哪怕牺牲自己的利益仍可以获得这种牺牲的意义和尊严，因为人类作为类的生活方式还有继续下去的价值存在。

法官作为纠纷的裁决者，其司法实践是以正义之名义而开展的，因而必须始终抱持"中立者"的立场，否则，人们对于法官裁决的信任就必定会面临危机。法官的裁决依据的只能是规则，而规则必须是理性的和客观的。规则的创立乃是立法者的职责，法官主要是规则的适用者。如果说，规则的创立过程实质上乃是一个政治共同体"道德情感"的凝聚过程，也就是价值共商、选择和认同的过程，同时也是一个政治共同体"政治使命"和"政治理念"的决断和确立过程；那么，法官在适用规则的过程中则必须超脱于自身的"道德偏好"和"政治立场"，为了正义，法官甚至必须成为"道德偏好"和"政治立场"的合法的反对者，他既不能成为公众道德舆论的迎合者，也不能成为政治的投机者，但这绝不意味着法官必须远离道德和政治，甚至与道德和政治为敌。这就要求法官必须具备高超的司法技艺，因为通过"司法技艺"所展示出来的法官的道德情感往往会成为一定时代社会道德之晴雨表，它关系到一个社会能否培育起人们的"法律尊严"意识，而通过"司法技艺"所展示出来的法官的政治智慧则直接关系到一个政治共同体之法律原则和精神的贯彻、传承与守护。这是本书向人们传达出来的又一深刻洞见和睿识。

《洞穴奇案》的十四份"法官意见书"都毫不含糊地表明了每一位法官的司法裁决，尽管裁决各异，但都是依照规则做出的决断，只不过每一位法官的裁决都不是完全机械地适用规则，所适用的规则经过了法官独立的"思想的能力"的穿透和照耀，这无疑是一种非凡的精神创造，创造必定意味着超出规则，却又仍然是遵循和适用规则的，而不是法官的主观臆断，否则就不具有论证力和可信度了。有如柏拉图的"善的理念""思想的能力"召唤的恰恰是法律真理的客观性，但不是法律真理的整全性，因为法官的每一次司法决断总是不完备的，总是对每一个个案的决断，有如德里达所说，"他者的权利"总有被遗忘的时候和可能。"洞穴奇案"的审决——执行死刑的判决——尤其极端地向人们表明，正义的司法决断总是处于一种紧急或危险状态之中，司法的时效性常常使得法官没有足够的时间和完全的信息以从容不迫地深思和全盘把握，不可能周全地顾及方方面面，只能在有限的客观条件下做出决断。

由此看来，正义的到来确乎只是在未来，问题是法官如何在自己经手的每一次决断中趋近和迎接"绝对正义"的到来。这一问题所蕴含的"肯定性"意义在于，它要求法官在随后的司法过程中反思和重新审视过去的决断，以便更加审慎地裁决当下的案件。这实际上是要求法官在遵循、适用和守护现实的秩序、制度和规范的同时，运用自己独立的"思想能力"去审查和洞见其内在的难以克服的矛盾和局限性，在理智地勘察人类不可逃避的深邃的精神困境之前提下，弃绝那种认为每一次决断皆"英明"的自信，以及问题已经"妥善解决"的盲目乐观，始终抱持一种"在绝境中思考"的警醒态度和立场。这种态度和立场甚至可以说就是法官的最高司法技艺！

2008 年 9 月于重庆歌乐山下

（作者系北京航空航天大学法学院教授）

目　录

1

史上最伟大的法律虚构案

萨　伯

　　富勒的洞穴探险者案是有史以来最伟大的法律虚构案例。这一评价已说明一切，特别是在其他案例构成强有力竞争的情况下。其他案例也许会在庭审的戏剧性、人物变化、调查悬疑方面略胜一筹，但在法律深度、思辨灵敏度上绝对无法与之比拟。这个案例表现的不是律师处理案件的趣味所在，而是法律本身的引人入胜。它难以成为精彩的电影题材，因为本案的"主角"只是一个个"会说话的头像"。实际上，能成为精彩电影题材的部分——洞穴里面的事件，在富勒的文章开头就已结束了。而且，这些事件不是以生动活泼的电影语言来表现，而是事后以精确但乏味的司法语言来复述。

　　富勒笔下的五个最高法院法官将复杂的案件事实及多样的法律推理娓娓道来，叙述精确。这五种观点集中在了不同的事实细节和司法判例上，并置于不同的法律原则与政治背景中。通过这种方法，富勒把那些重要的原则冲突具体化，并阐明了在他那个时代主要的法哲学流派。富勒的案例被称作"法理学经典""本世纪争论的缩影"和一个"非凡的智力成就"。*

九个新观点阐述法哲学的最新发展

尽管现在距富勒写下这部作品只有半个世纪，法律面貌却已经发生了深刻变化。我续写了这案例的九个新的司法观点，以期探究与法律原则相关的重要问题，并在此过程中阐述法哲学的最新发展，这也基本符合富勒的目的。

虽然我力图描述当今主要的法哲学流派，给每个流派应有的关注，但却碰到一些障碍，微妙地限制了我的计划。

首先，我必须遵循此案例的相关事实和法律。我不能引用当代每个法哲学流派自己最满意的案例去阐述，而是必须发现各个流派是如何与洞穴探险者案发生关联的。值得庆幸的是，大部分当代法理学的重要发展都能在这案件的事实中找到立足点，我们也许可以把这些立足点当成对法哲学流派深度和广度的细微表征。

其次，我愿意发表一些关于此案的新观点。在我开始写下这些观点之前，我曾不假思索地假定，富勒的五个法官已经就此案

---

* 第一个引语来自安东尼·D.达玛托（Anthony D'Amato），"洞穴探险者——新的进展"（The Speluncan Explorers —Further Proceedings），《斯坦福法律评论》（*Stanford Law Review*），1980 年第 32 卷，第 467—485 页中的第 467 页。第二个和第三个引自小威廉·N.埃斯克里奇（William N. Eskridge, Jr），"洞穴探险者案：20 世纪法律解释精要"（The Case of the Speluncean Explorers: Twentieth-Century Statutory Interpretation in a Nutshell），《乔治·华盛顿法律评论》（*George Washington Law Review*），1993 年 8 月，第 61 卷，No.6，第 1731—1753 页中的第 1732 页。

提出了所有言之成理的法律论证。然而，一旦我给自己定下新观点的任务，一些坚定的、如同洞穴探险般的探索，使我确信自己的假定是错的。现在我几乎持完全相反的看法：如果说对于这一案例已经完全思考透彻，那就等于说对法律、判决、犯罪、杀人、刑罚、赦免、辩护和审判的思考也已穷尽。

另外，我不能找到九种之外的观点了。多于九种观点将开始损害可信度，即便是大度善意的读者也会为其所累。虽然当代法律思想的重要发展和分支并不止九种，但它们并非都是不能相容的。我既不能明确地表现当代思想每一个独特的分支，也不想把自己的论述仅仅限制在九种观点之中，在一致性和可行性允许的情况下，我融合了各种观点。这反过来意味着不能为了追求每种观点仅单纯包含一种法律思想而作茧自缚。

最后，我和富勒同样感受到来自安排一场平局投票的挑战，即教学上中立的挑战，它要求我做到彻底让读者自己做出决定。在这一点上，法官人数保持奇数只是障碍之一。借当代法理学的一些发展，可能会自然地推出本案的当事人无罪，而借另一些发展，则可能推出当事人有罪。如果发现推出其中一种观点的发展多于另一种，我就必须融合一些"多数派"的观点或增加一些"少数派"的观点，或者对当代法律思想的一些观点做更深入的挖掘。

有时候，我克制自己不去创造有关纽卡斯国（富勒虚构的洞穴探险者案发生的国家——译者注）历史的新事实，而只在富勒创造的事实空间里展开论述。但有时候，我又觉得根据富勒的精神来阐发这个案例，我也被赋予了自由创造的权利。我把自己的创造保持在最低限度，希望它们不会对裁决产生实质性的影响。而在有些地方，我发现必须同时采取"克制"和"能动"的方法。比如，我决定假设在纽卡斯国没有法律先例并且也基本这样做了，但是这也迫使我对法庭引用的少量案例做出解释。

所有这些限制的结果是，有些法哲学在当代的发展没有被反映出来，有些发展在一致性容许的范围内相互融合了，有些则因为难以融合而被不恰当地突出了。最终呈现的是我个人对富勒所描述的美国法哲学的群像进行的更新描述以及对其案例所提出的问题进行的更深探索。

也基于上述限制，我所阐述的九个新观点并不与当代法哲学的九个流派一一对应。偏离一一对应的现象在书中时有出现。有时是不止一个当代法哲学发展被融合到同一个观点里，有时是一项发展在细节或方向上的不一致需要用不止一个的观点来论述。

请勿对号入座

每一种观点代表法理学内的一个主导方向，同时，如同现实中的观点一样，也显示了学说之间的相互影响和主题的各种变化。换句话说，至少我希望这些观点能表现出现实中的观点的真实特征，因为我所说的限制并没有影响到其所有方面。

在文章的结尾，富勒写道："本案并无刻意关注与当代的相似点，所有那些力求对号入座的读者，应被提醒他陷入了自己设置的闹剧之中，这可能导致他不能领略纽卡斯国最高法院发表的观点中所包含的朴素真理。"如果这一句的前半部分意思是指富勒无意于描述那些观点和当代思想之间的任何相似之处，那他肯定在跟你开玩笑。但如果他的意思是肯定存在他并没有有意论述的相似之处，但辨认、找寻任何的相类之处都不如直接思考文章的论证更有收获，那我将接受他那温和的提醒并纳入自己的文章。

后半部分陈述，我毫无保留地接纳。经过我提炼而融入司法判决的立场和观点，是理解法律本质重要而严肃的尝试。它们所包含的是"朴素真理"还是更为宏大的真理，这对学生、学者和公民都是一个基本的问题。这本书所适合的读者是那些不热衷于给观点贴标签或猎寻虚幻，但对严肃而富有意义的论证充满兴趣的人。他们会评论各种论证的有力和不足之处，以及这些论证是如何对一个具体的案例产生影响的。基于这些原因，我希望那些已经熟悉本案例所表达的观点的学者不要颠倒主次，除非自愿沉溺于闹剧之中。基于同样的原因，我也并不认为通过这九个观点就能彻底理解当代法律或法哲学。

我不是第一个对洞穴探险者案发表新观点的人。达玛托（Anthony D'Amato）在 1980 年的《斯坦福法律评论》中论述了三个新观点。卡恩（Naomi Cahn）、卡尔莫尔（John Calmore）、昆斯（Mary Coombs）、格林内（Dwight Greene）、米勒（Geoffrey Miller）、保罗（Jeremy Paul）和斯坦（Laura Stein）在 1993 年的《华盛顿法律评论》中分别从不同的政治和法律立场论述了各自的新观点。我推荐达玛托的三个观点，因为它们清晰地阐明了本案提出的道德问题。同时,《华盛顿法律评论》的七个新观点也值得推荐,因为与我的观点相比,他们所提出的观点对当代各法学流派思想的体现更纯粹或较少混合,而且更愿意假设纽卡斯国的新事实,以便可以对美国法律的现状做更辛辣的评论。

法律推理本身的弹性

当读富勒的原文时,人们自然要问哪个法官主张的法哲学是最可以被接受、最具竞争力和说服力的。此外,人们肯定想知道:这些法哲学的多样性和不相容性本身是否就为认识法院判决的性质提供了线索?是不是所有的司法推理都仅仅是意识形态、兴趣、政见和个性的事后合理化?在富勒时代这是一个重要的问题,如果有什么不同的话,那就是今天它变得更加重要了。而引发出这个问题的并不仅仅是某一个单一的观点,而是各种观点的集合。每一种观点都以自己的方式进行推理,但是,就推理本身而言,这又能说明什么问题呢?

如果法律推理本身具有无限的弹性,如果它可以服务于任何主人,如果(如休谟抽象地谈论推理/理性那样)它是激情的奴隶,那么,认为法律可以约束法官的想法就完全是幻觉。但是如果得到正确理解的法律确实能约束法官,那为什么在通情达理的法官之间会有如此之深的分歧?我很高兴我的作品提出了这些问题,同样欣慰的是,我没有为了回答这些问题而偏离法律走向哲学。这项工作需要另外找时间来做。

　　我无比感谢富勒的遗产继承人允许我在这本书里重印他的文章，假如我不能收入他的原文，我的书将是苍白而无所适从的。感谢艾尔古德（Deanna Airgood）快速准确地录入富勒的文章和劳瑞（Jennifer Laurin）一丝不苟地校对。感谢吉姆·鲍文（Jim Bower）、玛丽亚·鲍文（Marya Bower）、克拉克（Len Clark）、奈格（Pablo Nagel）、帕克（Mark Packer）、戴安娜·庞佐（Diana Punzo）、温斯·庞佐（Vince Punzo）、斯耐德（Monteze Snyder）、索普（A. L. P. Thorpe）和罗德里格（Routledge）出版社的两个评议人，感谢他们对本书初稿的有益评论。感谢西曼（A. Varner Seaman）让我对戈德（Goad）法官运用了"护身甲"的形象比喻。最后，感谢过去十五年中我的法哲学课程学生，感谢他们的洞察力、激情和对关键点的把握，感谢他们愿意让一个虚构的法律案例教给他们对真实世界中的法律的重要认识。

奇案背后的法理思考

萨　伯

　　富勒虚构的案例是以一些令人揪心的真实案例为基础的。其中两个最重要的案例，无疑是 1842 年美国诉霍尔姆斯案（U. S. v. Holmes）和 1884 年的女王诉杜德利与斯蒂芬案（Regina v. Dudley & Stephens）。这两个案件都与救生艇有关，都是在海难之后发生了杀人和追诉。在霍尔姆斯案中，杀人是为了让严重超载的救生艇减轻负荷。在杜德利与斯蒂芬案中，杀人是为了给行将饿死的幸存者果腹。

霍尔姆斯案

　　在霍尔姆斯案中，一艘从利物浦驶往费城的移民船"布朗号"在纽芬兰岛海岸因撞到冰山开始下沉。船上只装备有两艘救生艇，可供八十名乘客和船员使用。最终共有四十一名乘客和水手挤到一艘二十二英尺长的大艇上，另有船长和船员共九人占据了一艘只能容纳六七人的小艇，剩下的三十个人则被弃在船上，与船一起沉没。这些沉没者之中没有一个是船员，大部分是儿童。后来，船长命令一个助手带着航海图和罗盘加入大艇。这样一来，有四十二人在大艇上，八个人在小艇上。大艇有桨无帆，小艇则两者都有。

小艇驶向纽芬兰海岸，最终被一艘渔船救起。大艇则因严重超载几乎无法航行，在海上漂浮了一整天后，船舷上缘已紧贴水面。随着天气的恶化，海水开始溢入船里。本有缝隙的大艇裂开了一个大洞，不得不大量向外排水。几个大浪袭来，大艇在沉没的边缘飘摇。船长助手嚷着叫水手想办法减轻负载，水手霍尔姆斯事后回应，在另外两名水手的帮助下把六个男人和两个女人抛出船外。第二天他又把另外两个男人扔下船。

他们向东边漂移，以仅有的一点儿食物充饥，几周之后，船在法国海岸获救。他们的经历震惊了世界，有些幸存者返回美国后，给费城地区的检察官施加压力，要求指控大艇的水手犯谋杀罪。不幸的是，霍尔姆斯是当时唯一住在费城的大艇上的水手，于是被逮捕了。大陪审团不愿意指控他谋杀，迫使检察官将起诉减轻为非预谋故意杀人。

霍尔姆斯提出紧急避难的抗辩。他辩护说，如果杀人对于船上的人的存活是必要的，那在法律上就是正当的。这个案子由美国联邦最高法院的鲍尔温法官审理，当时他临时担任费城承审法官。他告知陪审团，一定数量的水手是大艇航行所必需的，但超过这一数量的其他水手与乘客相比并没有任何特权，这些水手必须与乘客一起经受命运的考验。在这一原则的指引下，陪审团认定霍尔姆斯非预谋故意杀人罪成立，鲍尔温法官对他处以六个月的监禁和二十美元的罚金。霍尔姆斯服了监禁之刑，罚金则被泰勒总统（John Taylor）赦免掉了。

杜德利案

在杜德利与斯蒂芬案中，澳大利亚游船"木犀草号"从英国埃塞克斯前往悉尼，途中沉没，四个幸存者被困在一艘十三英尺长的救生艇上，全部食物只有两个芜菁罐头。四人中，杜德利是船长，斯蒂芬是助手，布鲁克斯是一个能干的船员，帕克是见习船员。帕克只有十七岁，很快就成为四个人中状况最差、最虚弱的人。四个船员以一个芜菁罐头维持了两天，在随后的两天只能靠雨水度日，直到他们抓住一只海龟。那天他们吃了第二个罐头，也许想着他们还可以再抓一只海龟。

一周后，他们吃光了海龟身上所有能吃的东西，但仍然看不到获救的希望，也没能找到其他食物。船员们的嘴唇和舌头因为脱水而发黑，腿脚肿胀，浑身布满溃烂的伤口，并且开始喝自己的尿。帕克喝了海水，这在水手看来无异于饮鸩止渴。

在第十九天，杜德利提议以抽签的方式选出谁该被杀掉作为其他人的食物。布鲁克斯反对，斯蒂芬在犹豫，计划暂时被搁在一边。后来，杜德利自信地对斯蒂芬说，无论如何帕克会先死，因为他身体状况已经很差而且没有家人。那还等什么呢？斯蒂芬被说服了。杜德利随后杀了帕克，三个人靠帕克的尸体度日。一艘法国帆船"蒙堤祖麻号"在从智利的篷图阿雷纳斯去德国汉堡途中把他们救起时，他们已经连续四天以尸体为食并吃掉了大半。在返航途中，"蒙堤祖麻号"驶进英国法尔茅斯港短暂停留，杜德利、斯蒂芬和布鲁克斯以谋杀罪被逮捕收监。

英国的内政大臣哈考特爵士咨询了总检察长、副检察长和王室官员之后，批准起诉三名船员谋杀，但是法尔茅斯的公众全部支持被告。因为担心出现宣告无罪的结果，法官要求陪审团进行特殊裁决。这意味着陪审团只是认定事实，不用对该事实是否构成谋杀罪做最后的裁决（这一安排使法庭即使在陪审团同情被告的情况下也可能判被告有罪）。根据陪审团认定的事实，法官宣告被告犯有谋杀罪，驳回他们的紧急避难抗辩。被告被判处绞刑，随后被维多利亚女王赦免了，提出赦免建议的正是支持起诉的哈考特爵士。

若想更详细地了解上述案例，请参阅辛普森（A. W. Brian Simpson）在《同类相食与普通法》（芝加哥大学出版社 1984 年版）一书中引人入胜而又细致入微的描述。而对该故事更加简练，也更戏剧化的复述则可以查阅卡兹（Leo Katz）关于刑法的一本很好的著作——《不良行为与犯罪心理》（芝加哥大学出版社 1987年版）。司法意见的摘要经常可以从英美法学院使用的案例书中找到。

真实案例基础上的虚构案

人们可以轻易看出富勒从这些案例中借用了大量事实：陷入绝境、抽签、人吃人、公众的同情、夹杂着复杂政治因素的追诉、紧急避难的抗辩、陪审团的有罪宣告、赦免的可能。甚至在细节上，比如杜德利、斯蒂芬案中陪审团的特殊判决，都在富勒的案例中再次出现。然而，这些可资借鉴的因素，最多只是减轻了富勒的创造成分，他把事故从大海中移到纽卡斯国的山洞里，这既使管辖权问题尖锐化，又使非常重要的无线电通信这一因素成为可能。他增加了无线电通信所传递的医生、工程专家的意见。这让洞穴探险者通过可信赖的资讯确切知道获救之前将会饿死，而不仅仅是惊恐地猜测。他增加探险者富有先见之明的安排，即要求洞穴探险组织在他们未能于特定时间返回时予以救援。他增加了威特莫尔意见的复杂反复：一开始同意加入死亡协定，接着撤回允诺，后来又认可其他人代他投掷骰子的公平性。他增加了纽卡斯国内战与社会契约的历史，谋杀罪的法定死刑，创造了自我防卫例外的古代司法行为以及其他许多细节，包括每个法官针对其地位和意义做出不同判断的少量司法判例。

法律思想的多样性

如果认为富勒调整了事实以致判决无罪和判决有罪的理由旗鼓相当，那就过于简单化地理解他的独具匠心了。若真如此，那么尽职的法官将无法做出判断，或只能通过向另一方意见做出重大让步，才能做出自己极不确定的裁决。相反，富勒通过精巧地裁剪事实，既给一些法官很好的理由去判决无罪，又给另一些法官很好的理由去判决有罪。这两种类型的大部分法官都确信事实是不平衡的，并且不平衡之处应该依他们的方式来解读。如果最终判决有罪和判决无罪的票数一样多，那主要是由于高级法院中的法哲学平衡而不是事实平衡所导致的。优秀的法官们具有不同的哲学思想。富勒巧妙地裁剪事实以便引起人们对法律思想多样性的关注。

如果几个不同观点在论证上同样有力，并且都忠实于法律，这个案子在更宽泛的意义上说是平衡的。但是如果认为不同的法哲学表现出相当的论证力，仅仅是因为富勒把它们融入了案例或者是它们能提供论证，或它们确实来源于重要的道德、法律、政治哲学传统，那就枉费了富勒的精明和一番辛苦。这个案例告诉我们的，是应该通过案例思考什么，而不是不假思索地从中得到什么。这个案例不是富勒的结论，而是他提出的问题。

富勒的案例事实是以特别的方式达到平衡的，它给不同倾向的法官很好的理由从不同方向认定事实，然而该案例并没有特别到无法教给我们有关真实案例的知识。相反，大部分引起公众争议的案例都同样棘手。比如，美国联邦最高法院新近案例中提出的禁止鸡奸、燃烧国旗或帮助自杀的法令是否合宪的问题。公众对此持有不同意见，好像事实是平衡的；但各自主张的观点都充分有力，似乎又表明事实并不平衡。当然，实际上，存在于法律原则和美国公众观点之中的平衡，多于存在于事实本身之中的平衡。这正是富勒通过巧妙地构造事实和睿智地解读司法判例，在他的案例中所传达的复杂而微妙的平衡。这也是他的案例能真正教会我们处理疑难案件的原因之一。

富勒是何许人？

富勒（Lon Fuller，1903—1978）是美国得克萨斯州人，曾就读于斯坦福大学，后在哈佛大学任教。他撰写了八部法律专著和大量论文，是 20 世纪极优秀的法理学家。他反对实证分析法学，曾在法律刊物上就实证分析法学的价值与哈特（H. L. A. Hart）争论。值得赞扬的是，如果一个人事先不知道富勒不满法律实证主义，那么忠实地阅读《洞穴奇案》后仍不会感觉到这一点。在《法律的道德性》这本重要的法哲学著作中，他把反对实证主义的案例集中起来并加以系统化，为自然法的有限形式进行论证。在该书附录中，他收入了他的第二个著名的虚构案例——怨毒告密者案。

听说富勒是一位出色的合同法教授，但他在我进入法学院的前一年去世了，我没有读过他的合同法案例书。在我看来，富勒的伟大在于他用毕生的学术成就证明：严密的法律思想既不排斥创造性，也不要求专业的术语表达，更不会让道德成为与法律无关的独立变数或事后思考。

第一部分

4300 年：五位法官，五个观点

富 勒

洞穴探险者案

——公元 4300 年于纽卡斯国最高法院

在斯托菲尔郡初审法院,(4 名)被控犯有谋杀罪的被告,被认定罪名成立并被判处绞刑。他们认为裁判有误,上诉到最高法院。案件事实充分地呈现于首席法官的陈词之中。

尊重法律条文

首席法官特鲁派尼陈词

法典的规定众所周知："任何故意剥夺他人生命的人都必须被判处死刑。"尽管同情心会促使我们体谅这些人当时所处的悲惨境地，但法律条文不允许有任何例外。

案情回溯

四名被告都是洞穴探险协会的成员，该协会由一些洞穴探险业余爱好者组织。公元 4299 年 5 月上旬，他们连同当时也是该协会会员的威特莫尔（Roger Whetmore），进入一个位于联邦中央高原的石灰岩洞。当他们深入洞里时，发生山崩。巨大的岩石滑落，挡住了他们所知的唯一洞口。他们发现受困，就在洞口附近坐下来，等待营救人员救他们重见天日。由于五名探险者没有按时回家，其家属通知了协会的秘书，而探险者在协会总部也留下了他们打算去探险的洞穴的位置，于是，一支营救队伍火速赶往出事地点。

　　营救难度之高远远超出预计，需要不断增加营救人员和机器。然而洞穴地处偏远，运送营救人员和机器的难度极大。工人、工程师、地质学家和其他专家搭建了一个大型临时营地。因为山崩仍不断发生，移开洞口堆积岩石的工作好几次被迫中断，其中一次山崩更夺走了十名营救人员的生命。在营救过程中，洞穴探险协会自有资金很快用完，接着八十万弗里拉（纽卡斯国货币）的公众捐助和法定拨款投入营救工作，这笔钱在受困者获救前也花得精光。在探险者被困洞穴的第三十二天，营救终于成功。

　　由于探险者只带了勉强够吃的食物，洞里也没有任何动物或植物能赖以维生，大家很早就担心探险者很可能在出口被打通之前就饿死了。在被困的第二十天，营救人员才获知探险者随身带了一个袖珍的无线设备，可以收发资讯。营救人员迅速安装了一个相似的设备，与不幸被困山洞的人联系上了。探险者询问还要多久才能获救，负责营救的工程师告诉他们，即使不发生新的山崩，至少还需要十天。得知营地有医疗专家后，受困者与医生通了话，他们详细描述了洞里的情况，然后问医生从医学上看，在没有食物的情况下，他们是否有可能再活十天。专家告诉他们，这种可能性微乎其微。随后，洞里的无线设备便沉寂了。八个小时后，通讯恢复，探险者请求与医生再次通话。威特莫尔代表他本人和其他四名同伴询问，如果他们吃掉其中一个成员的血肉，能否再活十天。尽管很不情愿，医生委员会主席仍给予了肯定答复。威特莫尔又问，通过抽签决定谁应该被吃掉是否可行，在场的医疗专家没有人愿意回答。威特莫尔接着问，营救组中是否有法官或其他政府官员能给予答复，但这些人也不愿意对此提供意见。他又问是否有牧师或神父愿意回答他们的问题，还是没有人愿意出声。之后，洞里再也没有传来任何消息，大家推测（后来证实是错误的）是探险者的无线设备的电池用光了。当受困者获救后，大家才知道，在受困的第二十三天，威特莫尔已经被同伴杀掉吃了。

被告提供给陪审团的证词表明，是威特莫尔提议，他们也许可以吃掉一个成员，否则想活下来是不可能的。同样也是威特莫尔首先提议使用抽签，他提醒大家，他刚好带了一副骰子。四名被告起初不愿意响应如此残酷的提议，但通过无线电进行如上对话后，他们接受了威特莫尔的提议，并反复讨论了保证抽签公平性的数学问题，最终同意用一种掷骰子的方法来决定生死命运。

然而，在掷骰子之前，威特莫尔宣布撤回约定。他经过反复考虑，认为在实施如此恐怖的权宜之计之前，应该再等一个星期。其他人指责他出尔反尔，坚持继续掷骰子。轮到威特莫尔时，一名被告替他掷骰子，同时要求威特莫尔对是否认同投掷的公平性表态。威特莫尔没有表示异议。投掷的结果对威特莫尔不利，他就被同伴杀掉吃了。

幸存的探险者获救后，因营养失调和晕厥住院接受治疗。出院后，他们被控谋杀威特莫尔。庭审时，被告陈述完证言之后，陪审团主席（一名职业律师）询问法庭，陪审团是否可以仅做特别裁决（陪审团只提供已证明的事实，而把该事实是否构成犯罪交由法庭进行判决——译者注），而把被告是否有罪留给法庭根据已经确定的事实做出判断。经过讨论，检察官和被告的律师都表示同意，法庭也采纳了这一建议。在冗长的特别裁决中，陪审团认定上面所述的事实，并且进一步认定，如果法庭裁定上述事实与被告被指控的罪名相符，他们就认定被告有罪。根据这一裁定，审判的法官判决被告谋杀威特莫尔罪名成立，判处绞刑。在刑罚问题上，联邦法律并不允许法官有自由裁量的余地。陪审团解散之后，陪审团成员一起向首席行政长官请愿，请求将刑罚减至六个月监禁。初审法官也向首席行政长官提出同样的请求。然而，迄今为止，首席行政长官没有为回应这些请愿而采取任何行动，他显然在等待上诉法庭的裁决。

被告有罪，但应获得行政赦免

在我看来，处理这一不同寻常的案件时，陪审团和初审法官的做法，不仅公正明智，而且也是法律所允许的唯一方案。法典的规定众所周知："任何故意剥夺他人生命的人都必须被判处死刑。"尽管同情心会促使我们体谅这些人当时所处的悲惨境地，但法律条文不允许有任何例外。

在诸如此类的案件中，行政赦免看来非常有利于减轻法律的严苛。我向各位同事建议，我们一起仿效陪审团和初审法官的做法，加入向首席行政长官请愿之列。我们有充分的理由相信，这些请求会被采纳，任何人在知晓这一案件并有机会彻底了解案情后，都会接受这种请求。首席行政长官拒绝这一请求的可能性非常小，除非他能亲自主持像初审那样历时三个月广泛而深入的听证。主持此类听证（实际上相当于重审案件）与行政长官应有的职能极不相称。因此，我们也许可以假定，这些被告将得到某种形式的宽大处理。假如的确如此，正义将得到实现，且不会损害我们法典的字义或精神，也不会鼓励任何漠视法律的行为。

探究立法精神

福斯特法官陈词

"一个人可以违反法律的表面规定而不违反法律本身"，这是最古老的法律智慧谚语之一。任何实定法（指相对于自然法而言的、由人所制订的法律——译者注）的规定，不论是包含在法令里还是在司法先例之中，应该根据它显而易见的目的来合理解释。

我感到震惊的是：为了摆脱这一悲惨案例带来的窘境，首席法官竟然向同事提议采取一种权宜的方法，这是一个无耻的便宜选择。我认为在这个案子里，我们联邦的法律比这些不幸的探险者的命运更受考验。如果法庭宣布，根据我们的法律这些人已经构成犯罪，那么，无论本次上诉中的这些相关人员最终命运如何，从常理上看，我们的法律本身就是犯罪。当法庭宣称我们所维护和阐释的法律迫使我们做出令人羞耻的结论，只能借助出自行政长官个人意愿的赦免才能摆脱这一结论，在我看来，这等于承认这个联邦的法律不再彰显正义。

在我看来，我们的法律不会迫使我们得出这些人是谋杀犯的荒谬结论；相反，我认为，我们的法律应宣布他们完全无罪。我把这一结论建立在两个独立的理由上，其中任何一个都足以证明被告应被宣告无罪。

案发时他们不在联邦法律管辖下

第一个理由建立在一个可能会引起争议的前提之上，除非它能得到客观公正的分析。我持的观点是，联邦所颁布的法律或实定法，包括所有的法令和先例，都不适用于本案，能代替它们裁决本案的是欧洲和美国的古典作家所说的"自然法"。

这一结论依据的主张是，我们的实定法是建立在人们在社会中可以共存这一可能性之上的。在人们不可能共存的情况下，我们所有的先例和法律所赖以存在的前提就都不复存在了。一旦这一条件不存在了，在我看来，我们的实定法也就不再有效。我们不太习惯把法律谚语"法律存在的理由停止存在时，法律也随之停止存在"适用于我们的整个实定法，但我相信在本案中，这一法律谚语应该是适用的。

所有实定法应该建立在"人类可能共存"这个基础之上，这一主张对我们来说或感陌生。但这不是因为它所包含的真理是陌生的，只是因为这个真理是如此明显和普遍，以致我们很少评论它。如同我们所呼吸的空气遍及我们的周围，以致我们忘了它的存在，除非我们突然失去了它。不管我们的各个法律分支追求的具体目标是什么，稍加思考就不难明白其所有目标的根本指向都在于促进和改善人的共存状态，调节共存状态下人们相互之间关系的公正和平等。当人可以共存的这一前提不复存在，就像案例中的极端情景，只有剥夺别人的生命才可能生存时，支撑我们整个法律秩序的基本前提也就失去了它的意义和作用。

如果本案的悲剧发生在我们联邦领土之外，没有人会认为我们的法律适用于他们。我们承认管辖权是以领土作为基础的。这一原则的理由无疑是明显并且少有争议的。我认为这一原则的基础假定，是当一群人共同生活于地球上同一特定区域时，才可能把同一种法律秩序强加给他们。领土原则是以假定人们应该在一个群体内共存为基础的。所有法律也都以此为基础。现在我主张一个案子可以从道德上脱离法律秩序的约束，如同从地理管辖上脱离法律秩序的约束。如果我们注意法律和政府的目的，注意实定法赖以存在的前提，就会发现本案被告在做出他们性命攸关的决定时，是远离我们的法律秩序的，就像他们远离我们的领土上千英里一样。即使从物理的意义上看，坚固的岩石把他们的地下牢狱与我们的法庭和执行人员隔离开来，要移开这些岩石需要付出非同寻常的时间和努力。

因此，我的结论是：当威特莫尔的生命被被告剥夺时，用19世纪作家的精巧语言来说，他们并非处在"文明社会的状态"，而是处在"自然状态"。这导致我们联邦颁布和确立的法律并不适用于他们，他们只适用源自与当时处境相适应的那些原则的法律。

我毫不犹豫地宣布，根据那些原则，他们不构成任何犯罪。

被告所作所为依据的是由威特莫尔本人首先提出并经所有人同意的生死协定。既然，他们非同寻常的困境使调节人与人之间关系的惯用原则没法适用，这一点显而易见，那他们有必要起草新的"政府宪章"以应对他们所面临的处境。

自古以来，众所周知，法律或政府的最基本的原则建立在契约或协议观念之上。古典思想家（特别是 1600 年到 1900 年间的）习惯于把政府本身建立在一个假定的原始社会契约上。批评者指出这一理论与众所周知的史实相矛盾，主张政府是以该理论假定的方式建立起来的，并没有科学的证据。伦理学者回应道，即使从历史的眼光来看契约是虚构的，契约或协定的观念为政府权力包括剥夺人生命的权力提供了唯一的伦理证明。政府权力若要在道德上具备正当性，只能是这种权力是理性的人为了要建设某种新秩序，以使他们能够共同生活，而相互同意和接受的一种权力。

值得庆幸的是，我们的联邦没有被困扰祖先的问题所纠缠。我们认为"政府建立在人们的契约或自由约定之上"是我们的历史事实。我们有决定性的考古学证据证实，在大螺旋之后的第一时期，大毁灭的幸存者自愿集合起来起草一份政府宪章。诡辩的作家提出远古的定约人是否有权利约束未来的后代。但事实仍然是：我们的政府可以沿着毫不间断的轨迹追溯到那份原始宪章。

因此，如果我们行刑的人有权结束人的性命，如果我们的郡治安官有权把拖欠租金的承租人赶到大街上，如果我们的警察有权把纵酒狂欢者投入监狱，那么这些权力可以从我们祖先的原始契约中得到道德正当性。如果我们无法找到法律秩序的更高本源，又怎能期待这些行将饿死的不幸的人找到更高的本源来支持他们为自己而选择的秩序？

我认为我刚刚详细阐述的论点不可能有任何理性的回答。我意识到，很多读到这些观点的人接受起来可能会感到一些不舒服，他们将怀疑导出这么多陌生结论的论证背后，是否隐藏着不为人知的诡辩。然而这些不舒服的根源很容易辨认。人类生存的通常条件使我们倾向于把人类生命当成绝对的价值，在任何情况下都不容牺牲。即便是适用到日常的社会关系中，这一观点也有许多虚伪的成分。我们面前的这个案子就能证明这个道理。在移开洞口岩石的过程中，十个工作人员牺牲了。指挥救援工作的工程师和政府官员难道不知道工作人员的作业有危险，会严重威胁工作人员的生命安全吗？如果说为了营救被困的五个探险者，牺牲这十个人的性命是合适的，为什么我们要说这些探险者达成牺牲一个人以挽救四个人的安排是错误的呢？

我们所规划的每一条高速公路、每一条隧道、每一座建筑，在建造过程中都可能危及建造者的生命安全。把这些工程汇总起来，我们可以大致计算出建设这些工程项目将会牺牲多少人的性命。统计学家可以告诉你建造一千英里的四车道的混凝土高速公路平均需要付出的生命。然而，我们故意或心照不宣地承受和付出这些代价，因为假设生者所获得的价值远远超过这些损失。如果在地面上正常运转的社会是这样的，那么面对被告与其伙伴威特莫尔所处的绝境，我们要如何评价假定的人类生命的绝对价值？

法律精神与法令文字孰轻孰重？

对于促使我做出决定的第一个理由，说明到此为止。我的第二个理由是从假定否认我到目前为止所提出的所有的前提开始的，也就是说，为了论证的需要，我承认，认为这些人的处境使他们远离我们实定法的效力范围是错误的。我承认统一法典有能力穿透五百英尺的岩石，从而作用于那些蜷缩在地下挨饿的人们。

当然，现在非常清楚的是这些人的行为违反了法令的字面含义，该法令宣布蓄意剥夺他人生命的行为构成谋杀罪。但"一个人可以违反法律的表面规定而不违反法律本身"，这是最古老的法律智慧谚语之一。任何实定法的规定，不论是包含在法令里还是在司法先例之中，应该根据它显而易见的目的来合理解释。这一道理是如此基本以致几乎不必对它加以说明。这一原则适用的例子不计其数并在法律的每一个分支里都可以找到。

在联邦诉斯特莫尔（Commonwealth v. Staymore）的案例中，根据把汽车停放在特定区域超过两个小时构成犯罪的法律规定，被告是有罪的。被告力图移开他的车，但无能为力，因为街道被一个他没有参加也没有理由预测到的政治游行所阻断了。他的有罪判决被本法庭撤销了，尽管被告行为完全符合法令的字面规定。

又如，在费勒诉尼格斯案（Fehler v. Neegas）中，有一个法令需要由法庭来解释，这个法令在法案的最后，也是最关键的地方，当中的"不"字明显不在正确的位置。这个错放在该法案后来所有的版本中都被保留，这显然是立法发起者和法令起草者的疏忽，没有人能解释错误是怎么产生的，但把法令内容作为一个整体来看，错误显而易见，若按此对最后条款的文义进行解释，将导致与前面所有内容不相协调，并与法律序言中所阐述的目的相背离。本法庭拒绝接受该条例字面的文义解释，而是把"不"放到它明显该放的位置来解读该条款，从而达到纠正其语义错误的效果。

我们面对的法律条文从来没有依照字面意思被加以适用。几个世纪以前就确立了自我防卫杀人免责。法令没有任何措辞表明这种例外，人们不断尝试着调和自我防卫的法律处理和法令措辞之间的矛盾，但是在我看来，这些努力仅仅是巧妙的诡辩。事实上支持自我防卫的例外是不能与法律条文的字义调和的，能与之调和的只有法律条文的目的。

正当防卫的例外与规定杀人构成犯罪的法令的真正调和是建立在下列推理上的：刑事立法的主要目的之一是阻止人们犯罪。很显然，如果宣布在自我防卫中杀人构成谋杀罪，这种规定将不能起到威慑作用。一个人在生命受到威胁时肯定会反抗攻击者而不管法律是怎么规定的。因此，依据刑事立法广义上的目的，我们可以有把握地宣布这一法令并没有打算适用于自我防卫。

当自我防卫免责的基本原理如此解释时，同样的推理显然可以适用于正在审理中的案子。如果以后任何人陷于本案被告所处的悲惨处境，我们可以相信他们是生是死的决定不会受我们的刑法法典的规定所控制。相应地，如果我们明智地解读这个实定法，它不适用此案是显而易见的。实定法效力在这种情形下的退隐同样可以从几个世纪前我们的前辈对于自我防卫的考虑中得到证明。

法庭通过分析法律的目的，赋予法律字句相应的含义，当一个没有深入研究法律或考察法律所追求的目的的读者不能立刻领会其含义时，就会有人大呼司法篡权了。我郑重声明，我毫无保留地接受这样的主张：法院受我们联邦法律的约束，它行使权力服从于被正确传达的众议院的意志。我前面所使用的推理绝没影响对实定法的忠诚，尽管它提出区分合理忠诚和不合理忠诚的问题。没有任何领导会要一个不能领会言外之意的仆人。再笨的女佣都知道当她被告知"削掉汤羹的皮并撇去马铃薯的油脂"（to peel the soup and skim the potatoes）时，她的女主人所言非所欲。她同样知道当她的主人告诉她"放下手头的事情赶紧过来"时，她的主人忽视了她可能此时正在做的是将她的婴儿从淋浴桶里解救出来。我们有权期望审判官具有同样的智商。纠正明显的立法错误和疏漏不会取代立法者的意志，只是使其意志得到实现。

因此，我的结论是无论从哪个角度来分析这个案例，被告都不能被认定为谋杀了威特莫尔，有罪判决应该被撤销。

法律与道德的两难

唐丁法官陈词

如果饥饿不能成为盗窃食物的正当化事由，怎么能成为杀人并以之为食物的正当化事由呢？……另一方面，当我倾向于赞成有罪判决，我又显得那么荒谬，这些将被处死的人的生命是以十个英雄的性命为代价换得的。

在履行最高法院法官的职责时，我通常能够将我感性的一面和理性的一面分开，并且完全根据后一部分裁决案子。但当我看到这个悲剧性的案子时，我发现我通常的策略不再奏效了。在情感方面，我在对这些人的同情和对他们的凶残行为的痛恨厌恶之间煎熬。我希望我能把这些矛盾的情感作为不相干的因素撇在一边，然后根据法律要求，用具有说服力和富有逻辑的论证结果，来对此案做出判决。遗憾的是，我未能如愿。

以自然法为依据何其荒谬

当我分析我的同事福斯特刚才提出的意见时，我发现他的观点充满矛盾和谬误。让我们从他的第一个提议开始吧：这些人不受我们法律的约束，因为他们不是处于"文明社会的状态"而是处于"自然状态"，我不明白为什么这么说，是因为厚实的岩石囚禁了他们？因为饥饿？还是因为他们设立了一个"新的政府宪章"，通过这个宪章所有的通常的法律规则都被掷骰子所取代？还有一些别的困难。如果这些人超出了我们法律的约束到达了"自然法"的管辖范围，那这种超越发生在什么时候呢？是当洞口被封住的时候还是饥饿的威胁达到某种难以确定的程度，抑或是掷骰子的协定达成之时？我同事所提出的学说中有一些不确定性，而这恰恰会带来真正的困难。例如，假设其中一个人在被困山洞时度过了他的二十一岁生日，那我们应该认定他在哪一天成年呢？当他年满二十一岁的时候吗？依据假设，那时他不受我们法律的约束。抑或只有当他被从洞穴里解救出来并再次受约束于我的同行所谓的实定法时才能被看作成年？这些问题也许看起来很怪异，但是它们能够用于揭示导致这些问题产生的学说的怪异本质。

没有必要通过探究细节来进一步展示我同事观点的荒谬，我和福斯特先生被任命为纽卡斯联邦法院的法官，我们经过宣誓并被授权执行联邦的法律。我们又根据什么授权将自己变成了自然法法庭的法官的呢？如果这些人真的受自然法的约束，我们什么时候具备解释和适用这些自然法的权力呢？毫无疑问，我们并没有处于自然状态中。

让我们看看我同事所提出的让我们加以采纳并适用于本案的自然法的内容。这是一个多么颠倒是非、令人难以理解的规则啊！在这个规则里面，合同法比惩罚谋杀的法律具有更高的效力。依据这一规则，个人可以订立有效的协定授权他的同伴把自己的身体当作食物。不仅如此，依据这一规则，此种协定一旦达成就不可撤销，如果有当事人之一试图撤回，其他人可以掌控法律，用暴力强制执行契约。尽管我的同事用省事的沉默方式略过了威特莫尔的撤销，但这是他论证中的必然隐含之意。

我同事所解释的原则中包含其他令人难以忍受的推断。他论证当被告攻击威特莫尔并杀害他时（我们不知道被告是如何杀他的，可能用石头重击他），他们只是在行使他们通过协商、讨论而被赋予的权利。然而，假如威特莫尔隐藏了他的左轮手枪，当他看到被告想要杀他时，他为保住自己的生命开枪打死了被告。根据我同事的推理，威特莫尔将构成谋杀，因为自我防卫的免责不能适用于他。如果攻击他的人是正当地力图置他于死地，那如同一个被判死刑的囚徒杀死合法地对他施以绞刑的行刑官不能要求免责一样，威特莫尔也不能要求免责。

法律的目的是什么？

所有这些分析都让我不可能接受我同事第一部分的论证。我不能接受他的意见，即认为这些人处于自然法的约束之下，而法庭必须适用他们的自然法，我也不能接受他从自然法中读出的那一可憎的、反常的规则。现在我们来看看我同事第二部分的观点，即力求说明被告没有违反纽卡斯联邦法典第十二条A款的规定。从这一点来看，情况不是变清楚了而是变得模糊和不确定了，可是我的同事没有意识到与他的论证相伴而生的困难问题。

我同事论证的要旨可以这样概括：任何法律，无论文字如何规定，不应以同它的目的相悖的方式加以适用。任何刑法典的目的之一是威慑。把规定杀人乃是犯罪的法律条文适用于本案的特定事实将与法律的目的相矛盾，因为很难相信刑法典能对处于生死关头的人产生威慑。据我同事所言，在对法律条文的解读中得出这一例外，所运用的推理与设定自我防卫免责的推理相同。

表面看来，这一论证极具说服力。我的同事对自我防卫免责原理的解释事实上是被本法庭一个判例所支持的，也就是联邦诉帕里（Commonwealth v. Parry）一案。我在研究本案时碰巧也接触了这个判例。尽管在教科书和后来的判决里，联邦诉帕里案一般被忽略，但它毫无疑问支持我同事对自我防卫免责的解释。

现在让我简述当我更仔细地分析我同事的论证时被困扰的疑惑。的确，法令应该根据其目的加以适用，刑事立法被公认的目的之一是威慑。问题在于，刑法还有其他目的。联邦诉斯坎普（Commonwealth v. Scape）案认为，刑法的目的之一是为人们报复的本能提供一个有序的出口。联邦诉梅克欧沃尔（Commonwealth v. Makeover）案又说刑法的目的是矫正犯罪人。还有其他理论被提出来。假定我们必须根据法律的目的来解释法律，当法律有许多目的或这些目的有争议时，我们该如何处理？

类似的困难来自这一事实，即尽管我同事对自我防卫免责所做的解释有权威根据（指先例），但是还有其他权威根据对免责做了不同的原理解释。实际上，在联邦诉帕里案以前，我从没听说过我同事做过这样的解释。法学院所传授的，也就是被一代代法科学生所记住的学说是：关于谋杀的法律条文要求有"故意"的行为。一个人抵御别人对他的攻击性威胁不是"故意"的，而是深深根植于人性的本能反应。我猜想联邦的律师几乎没有不熟悉这种推理方法的，尤其是当它成为律师主考官的最爱以后。

上述所说有关自我防卫免责最为人熟知的解释，很明显现在不能以类推的方式适用于本案。这些人的行为不仅是故意的，而且是经过深思熟虑的，并对他们应该怎么做进行了几个小时讨论后做出的。我们再次碰到交叉路口，一种推理方法把我们引向一个方向，而另一种推理方法却把我们引向正相反的另一个方向。在此案中这一困惑的情形更复杂，因为我们必须在以下两种解释中做出取舍：一个已被吸收进了本法庭判决过的一个实际上鲜为人知的判例中，一个是法学院所教授的法律传统的组成部分，但据我所知从未被任何司法判决采纳过。

饥饿不是杀人的理由

对于我同事所援引的"不"字的错放和超时停车的被告这两

个先例的相关性，我表示认同。但是对我的同事再次在沉默中忽略的那一标杆案例，我们应该怎样对待呢？该案就是联邦诉冉阿让（Commonwealth v. Valjean）案。尽管此案被模糊地报道过，看来是被告因为盗窃一个面包被指控，被告答辩的理由是他处于快要饿死的状态中。法庭没有接受他的答辩理由。如果饥饿不能成为盗窃食物的正当化事由，怎么能成为杀人并以之为食物的正当化事由呢？如果我们再从威慑的角度来看这个案件，一个人是否可能为了避免因偷窃一片面包入狱而愿意挨饿致死，我同事的说明将迫使我们撤销联邦诉冉阿让一案的判决和其他许多建立在此案基础之上的判例。

此外，我难以断言，对这些人做出谋杀罪的判决将不会产生威慑作用。我相信，"谋杀者"一词的效果是，如果这些人知道他们的行为将会被法律视为谋杀，他们至少很可能在执行杀人计划之前会再多等待几天。那段时间里救援行动有可能会取得成功。我意识到，将他们的行为视为谋杀只能在某种程度上延缓他们的行动，并不能使之被完全杜绝。诚然，与刑法所正常适用的情况相比，威慑在本案中的作用要小一些。

我的同事福斯特建议对法律条文设置例外以支持本案，这会出现更进一步的问题，尽管该问题在他的观点中没有被提出来。这种例外的范围应该有多大呢？本案中，人们掷骰子并且受害者本人原来是协定的一方。如果威特莫尔从一开始就拒绝参加计划，我们将如何做出判决？多数人同意是否就可以否决他的意见？或者，假定根本没有计划，其他人只是共谋杀害威特莫尔，并以他身体最虚弱来证明他们的行为是正当的。再或者，他们又提出了与本案中采取的方法具有不同理由的选择受害者计划，比如其他人都是无神论者并坚持威特莫尔应死，因为他是唯一一个相信来生的人。这样的例子可以举很多，但以上所举已经足以揭示我同事的推理中包含着多么巨大的潜在困境。

当然，经过思考，我也认识到，我所关注的也许是一个将不再出现的问题，因为不太可能还有其他的一群人会被迫实施本案中的致命行为。然而，再进一步想，即使我们确信不会再有类似的案子出现，我所做的阐释难道不能说明我同事提出的规则缺乏一致性和合理性原则吗？

一个原则的合理性难道不应被它推出的结论所检测而无须考虑以后诉讼过程中的偶然事件吗？进一步而言，如果事情是这样的，我们这个法庭为什么如此频繁地讨论我们以后是否可能有机会再使用解决眼前案例所必需的原则？这是属于推理本身不是很正确但因为被先例所承认支持，以至于我们可以适用它，甚至可能是有义务去适用它的情况吗？

我越是分析、思考这个案子，就发现卷入越深。我的头绪已经被我力图挣脱的千丝万缕所缠绕。我发现几乎任何一个支持本案决定的考虑都被另外一个导向完全相反方向的考虑所制约。我的同事福斯特没有提供给我，我自己也没有发现任何方案能够解决从各方面困扰我的不确定性。

我已经尽最大所能来思考这个案子。自从它出现在我面前并被争论以来，我很少能踏实入睡。当我感到我倾向于接受福斯特的意见时，我被一种感觉所抵制，他的论证在知性上不健全，仅仅是在进行合理化。

另一方面，当我倾向于赞成有罪判决，我又显得那么荒谬，这些将被处死的人的生命是以十个英雄的性命为代价换得的。在我看来，检察官控告谋杀罪是一种遗憾。如果我们的法令中有规定吃人肉是犯罪，那将有一个更合适的指控。如果没有其他适合本案事实的指控可以用来加给被告，我想不指控他们会显得更明智。然而不幸的是，这些人已经被指控并被审判了，我们因此被卷入这个不幸的事件。

既然我完全不能解决困扰着我的有关本案的法律疑问，我遗憾地宣布一个决定，我相信这种情况在本院历史上是没有先例的：我宣布不参与本案的审理程序。

维持法治传统

基恩法官陈词

从立法至上原则引申出来的是法官有义务忠实适用法律条文，根据法律的平实含义来解释法律，不能参考个人的意愿或个人的正义观念。

忠实履行法官职责

在一开始，我想先把两个问题放到一边，因为它们并非本法庭所应面对的问题。

第一个问题是如果有罪判决被维持的话，是否应该给予被告行政赦免。在我们的政府体制下，这是最高行政长官应该回答的问题，而非法官应该回答的问题。因此，我不同意首席法官的做法，它实际上是在指示最高行政长官在这个案件中应该如何做，并指出如果这些指示不被听从则会产生不当之处。这会导致政府职能的混乱——司法机关是最不应该犯职能混乱错误的机关。我想说的是，如果我是最高行政长官，我将在赦免的路上走得更远，而不是停留在人们提出来的恳求上。我会宽恕本案所有被告，因为我认为他们已经为他们所犯的任何过错付出了足够的代价。我希望大家理解，上述这些评论是我作为一个公民个体所做出的，而我由于职责的原因，刚好熟知这一案件的事实。在履行法官的职责过程中，我的职责既不是向最高行政长官发出指示，也不是考虑他可能做或不做什么，在做出决定的过程中，我必须完全以联邦法律为依据。

第二个我不想讨论的问题是关于这些人所作所为的对错善恶问题。这同样是个无关法官职责的问题，因为法官宣誓适用于法律而不是个人的道德观念。在将这一问题放下后，我想我无须发表太多评论就可以有把握地反驳我的同事福斯特观点中的第一部分，同时也是更为诗意的部分。他的论证中所包含的不切实际的因素，经过我同事唐丁严肃认真的分析之后，已被充分揭示。

我们做判决所面临的唯一问题是根据《纽卡斯联邦法典》第十二条 A 款的含义，被告是否的确故意剥夺了威特莫尔的生命。法典的准确表述如下："任何故意剥夺他人生命的人应被判处死刑。"现在我假定任何一个毫无偏私的观察者，只要乐于理解这些词的普通含义，将立刻得出结论，被告确实"故意剥夺了威特莫尔的生命"。

这一案件所有的困难从何而来？为什么对本该很明显的结论，却要进行如此长的讨论？无论本案的困难以什么样的形式呈现出来，它们都可以归结到唯一的根源，那就是未能区分本案的法律问题和道德因素。坦率地说，我的同事不愿意接受法律条文要求判决被告有罪的事实。我也是，但与我同事不同的是，我尊重我的岗位职责，它要求我在解释和适用联邦法律的时候，把我个人的偏好抛在脑后。

当然，现在我的同事福斯特不会承认，他个人对成文法的厌恶激发了他的论证。相反，他采用了一种人们熟知的论证方法，根据这种方法，当法律条文本身没有包含某种东西（所谓"法的目的"）可以用来证明法庭认为适当的判决之正当性时，法庭可以无视法律条文的明确语言表述。由于这在我和我同事之间已不是一个新的问题了，在讨论他对这一论点在本案事实上的特定适用之前，我想先说一说关于这一问题的历史背景和它对法律和政府通常具有的意义。

在本联邦有一段时期，法官事实上可以自由立法，并且我们都知道在那段时期，很多法律条文被司法部门做了彻底的改造。那时公认的政治学原则还没肯定地指明不同政府部门的位阶和功能。我们都知道这种不确定性在那场短暂的国内战争中所造成的悲剧，该战争是由司法机关作为一方与行政和立法机关共同作为另一方之间的冲突所引起的。

没有必要在这里重述导致不体面的权力之争的因素，尽管这些因素包括由于国家不再依据人口数量划分选区而导致的国家议会丧失代表性，以及时任首席法官的性格魅力和广受拥戴的程度。

立法至上

那些日子已经一去不复返了，代替那种不确定性的是目前支配我们的明确原则，即我们政体中的立法至上原则。从这一原则引申出来的是法官有义务忠实适用法律条文，根据法律的平实含义来解释法律，不能参考个人的意愿或个人的正义观念。我并不关注禁止法官修正法律条文的原则是对还是错，或是可取不可取。我只想说，这一原则已经成为支撑我所宣誓执行的法律和政治秩序的显而易见的前提。

然而尽管从理论上接受立法至上原则已经有几个世纪了，顽固的职业传统和固有的思维习惯使许多法官仍然不能适应新秩序赋予自己的严格角色定位。我的同事福斯特就是其中的一员，他对法律条文的处理方式恰恰是生活在 3900 年的法官运用的方式。

我们对改造不受欢迎的立法的过程并不陌生。任何接受福斯特先生观点的人都有机会看到那一过程在几乎每一个法律分支都发挥着作用。我个人如此熟悉这一程式，以致在我的同事无法完成的情况下，我确信我能为他提供一个令人满意的意见，而不需要任何提示，只要告诉我他是否满意适用于眼前这个案例的法律所产生的效果。

对立法进行司法改造的过程需要三个步骤。第一步是推测各个法律条文所服务的某种单一"目的"。这一步骤是完成了，尽管一百部法律条文当中也没有一部法律条文有这种单一的目的，并且几乎每一部法律条文的目的在不同阶层的提案人看来都可以做不同解释。第二步是在追求实现这一想象的目的时，找到一个虚构的所谓"立法者"，在其工作中忽略了一些东西或留下了一些空隙和不完善的地方。最后也是最激动人心的任务，那就是填补留下的空白（这是有待完成的工作）。

我的同事福斯特喜好寻找法律的漏洞，这使我想起古人讲述的关于人吃鞋的故事。当问那吃鞋的人为什么喜欢吃鞋时，他回答道，他最喜欢的部分是鞋上的洞。我的同事对法律条文也是这种感受，法律条文上漏洞越多，他越喜欢。总之，就是不喜欢法律条文。

再也没有其他案例能比本案更能说明漏洞填补程式的华而不实了。我的同事福斯特认为他确切地知道人们把谋杀规定为犯罪的意图所在，这就是他所谓的威慑。我的同事唐丁已经指出此等解释是多么片面。但我认为还有更深层的问题，我非常怀疑规定谋杀是犯罪的法律条文是否确实有一种通常意义上的"目的"。

主要来说，这样的法律规定反映了人们内心的确信，即谋杀是错误的，应该惩罚犯有谋杀罪的人。如果我们被迫要把这个问题说得更清楚一些，也许会去求助犯罪学家高深的理论。无疑，这些理论并不存在于起草我们法典的人的头脑中。我们也可以观察到，人们在没有暴力袭击的威胁下，将更有效地工作，更快乐地生活。如果牢记谋杀的受害者通常是不讨人喜欢的，我们可以再提出一种建议，即对不受欢迎者的处置不适宜由私人机构来完成，而应该交给国家的垄断机构。所有这些使我想起一个律师，他曾经在本法院辩论说，通过法令对医生的执业资格进行控制是一件好事，因为它将通过提高一般的健康水平而降低寿险保险率。这有点儿夸大其词地解释了显而易见的事情。

如果我们不知道法典第十二条 A 款的目的，我们如何可能说里面存在一个"漏洞"？我们如何能知道起草者对"为了吃人而杀人"这一问题的想法？我的同事唐丁对人吃人的厌恶有点儿夸张，但可以理解，我们又如何知道他古老的祖先不会更强烈地憎恶那种行为？

人类学家说，人类对一个被禁止行为的恐惧感将因部落生活条件特别容易诱发那种行为而加剧，正如在那些最可能发生乱伦的乡村亲戚关系中，乱伦也因此成为最受谴责的行为。毫无疑问，大螺旋之后的那一时期绝对存在着人吃人的诱惑。也许正是这个原因，我们的祖先用如此广泛和无限制的形式表达了他们的禁忌。当然，所有这些都是推测，但仍非常清楚地表明我的同事福斯特和我一样都不知道法典第十二条 A 款的目的。

本案不属于自我防卫的例外

与我刚才概括的意思相似的考虑也同样适用于赞成自我防卫的例外，这一例外在我的同事福斯特和唐丁的推理中发挥了重要的作用。确实，联邦诉帕里案中的法官在刑事立法的目的在于威慑这一假定之上，对这一例外做了合理的论证。也许也不容否认，一代又一代的法科学生被告知，这一例外的真正理由是一个人在自我防卫时不是故意的。这些学生通过背诵他们的教授所教的内容而得以通过律师资格考试。

当然，我可以把最后一些意见当作不相关的因素而不予考虑，原因很简单，那就是教授和律师资格的主考官从来没有权力为我们立法。但是真正的问题同样存在于更深层次。如同分析法律条文一样，分析这种例外时，问题不在于规则的假定目的，而在于其适用的范围。现在支持自我防卫的例外范围，如同本法庭曾经适用过的一样，是非常清楚的：它适用于当事人抵抗威胁自己生命的攻击的情形。因此非常清楚的是，本案不属于例外的适用范围，因为威特莫尔显然没有威胁被告的生命。

我的同事福斯特力图用合法的外衣掩盖他对法律条文的重新构建，其蹩脚之处在我的同事唐丁的意见中不幸地暴露无遗。在唐丁法官的观点中，他毅然地致力于将福斯特松弛的道德主义和他本人对法律条文的忠诚感结合在一起。这种努力只会使司法职责彻底无法履行，而这已经发生了。很简单，你不可能在严格按照法令字面意思执行法令的同时，又随意按照自己的意愿篡改法令。

我知道我在这些观点中所使用的推理方法，将不会被那些只看判决直接效果的人接受，他们对司法机关获得特免权的长期影响视而不见。一个艰难的判决从来不会是受人欢迎的判决。文学作品会赞颂法官们设计某些遁词的巧妙技能，借助这些遁词，他们可以在公众认为诉讼当事人主张的权利不正确时剥夺他的权利。但我相信，司法机关的特免权从长远看比艰难的裁决危害更大。疑难案件甚至也许具有特定的道德价值，因为它可以使人们认识到自己对最终意义上由自己创造的法律所应承担的责任，并提醒他们没有任何个人的恩典能减轻他们的代表所犯的错误。

实际上，我将进一步说，不仅我所阐述的原则最适合我们目前的状况，而且如果这些原则从一开始就被严格遵守，我们还能从我们的祖先那里继承更好的法律制度。比如，就自我防卫免责事由而言，如果我们的法庭固守法令的语言，结果无疑是对其进行立法修改。此等修改将需要自然哲学家和心理学家的帮助，随之产生的对此问题的规定将有一个可以理解的合理基础，而不是我们的司法和学术意见所产生的咬文嚼字和形而上学的混杂。

当然，这些最后的评论超出我与此案相关的职责，而我在这里说出来，是因为我深深感到我的同事们没有充分认识到我的同事福斯特所提倡的有关司法职能的概念中所隐含的危险。

我的结论是维持有罪判决。

以常识来判断

汉迪法官陈词

这是一个涉及人类智慧在现实社会中如何实践的问题，与抽象的理论无关。如果按这个思路来处理本案，它就变成本法庭曾经讨论过的案件中最容易做出判决的案件之一。

法律为人服务才有意义

我惊奇地听到这个简单的案子所引起的让人备受折磨的推理。我从不怀疑我的同事具有给每一个呈现到他们面前、需由他们做决定的问题披上条文主义模糊面纱的能力。今天下午，我们听到一个关于区分实定法和自然法、法律语言和法律目的、司法职能和行政职能、司法性立法和立法机构立法的学术性专题讨论，我唯一失望的是没有人对洞穴里的约定的性质提出质疑——到底是属于单边还是双边协定，威特莫尔能不能被认为在他的提议被实施之前已经撤回提议。

所有这些与这个案子到底有什么关系呢？我们面临的问题是，作为政府的官员，我们应该如何处置这些被告？这是一个涉及人类智慧在现实社会中如何实践的问题，与抽象的理论无关。如果按这个思路来处理本案，它就变成本法庭曾经讨论过的案件中最容易做出判决的案件之一。

在阐述我对本案的结论之前，我想简单讨论一些更加基本的相关问题，一些自从我当法官以来，我和我的同事一直意见不一致的问题。

我一直无法让我的同事明白政府是一项人类事务，人们不是被报纸上的语言或抽象的理论所统治，而是被其他人所统治。如果统治者理解民众的感受和观念，就会给民众以仁治。但如果统治者缺乏这种理解，民众享受到的只能是暴政。

在所有政府部门中，司法部门最容易失去与普通人的联系。其原因显而易见。当民众根据一些显著的特征对某种情况做出反应时，法官则对呈送到法院的每一种具体情形做异常细致的分解。双方都请律师来分析和解剖。法官和律师相互竞争，看谁能从一系列事实中发现最多的困难和区别。双方都努力寻找案例，不管是真实的还是虚构的，以便让对方的论证陷入困境。为了避免陷入困境，更多的区别被发现和加入。当一系列事实在足够长的时间里被如此处理后，所有的生气和活力消失得无影无踪，只剩下一地飞尘。

现在我意识到只要你有规则和抽象原则，律师就能发现它们的差别。在某种程度上，我刚才所描述的现象是对人类事务进行任何形式的规整时，必然会带来的不幸。但我认为，需要此种规整的领域被过高估计了。

当然，如果游戏要继续，有些基本的游戏规则必须被接受。这些规则中，我认为包括选举行为、公职人员的任命、工作人员的任期。在这里有对主观裁量和权力分配的限制，有对形式的坚持，还有对规则适用范围的审慎，我认为这些都非常重要。也许基本原则的适用范围应该扩张到其他的特定规则中，比如那些意在保持自由制度的规则。

在这些领域之外，我认为包括法官在内的所有政府官员，如果把形式和抽象的概念当成工具，他们的工作将做得更好。我想我们应该以好的行政官员为榜样，他们将程式和原则适用于手中的案情，从所有可以利用的形式中挑选出最适合得出正确结论的规则。

政府的这一方法最明显的好处是，它允许我们依据常识富有效率地处理我们的日常事务。然而我坚持这一原理还有更深层的理由。我相信，如果要让我们的行为与接受我们统治的人们的情感保持合理一致，只有依靠这一原理的洞见，我们才能保持必要的弹性。与其他历史因素相比，统治者和被统治者之间的此种协调的缺失，导致了更多政府垮台和更多人类不幸的产生。

一旦破坏了人民大众与指导其法律、政治和经济生活的那些人的关系，我们的社会就濒临毁灭了。那时候无论是福斯特的自然法还是基恩对成文法的忠诚都无济于事了。

判决本案不应忽视的元素

现在，当把这些观念适用于我们面前的这起案件时，如我刚才所说，它的裁决变得十分容易。为了表明这一点，我应该介绍一些事实，尽管我的同事认为默不作声地忽视它们是合适的，他们实际上跟我一样，已经意识到它们了。

这个案子已经激起了国内外公众极大的兴趣。几乎每一家报纸和杂志都刊登了相关的文章，专栏作家已经向读者披露关于政府下一步举动的秘密消息；成百上千封读者来信被刊登。最大的报纸集团之一就此问题做了一个民意调查。"你认为最高法院应该怎样处理洞穴探险者？"大约九成的人认为应该宽恕被告或给予象征性惩罚后释放。公众对这个案子的态度是十分明显的。

当然，即使没有民意调查，根据常识，或者只是观察，我们也能得知，这个法庭上有明显超过半数或九成的人持有同样的观点。

如果我们想要和公众在观点上保持足够和合理的一致的话，这使得我们应该做的以及必须做的事情变得显而易见。宣布这些人无罪无须我们涉及任何有损尊严的遁词或诡计。我们也无须引用与本法院过去的实践不一致的法律解释原则。当然，没有任何外行的人会认为，赦免这些人，将意味着我们比我们创造自我防卫原则的祖先对法令做出了更多的拓展。如果需要更详细地论证我的决定和调和法律的方法，我愿意将我的同事福斯特的第二部分论证，也是较少幻想成分的部分作为基础。

运用常识来断案

我知道我的同事们被我的建议吓坏了，因为我建议法庭应该考虑民意。他们会告诉你，社会舆论是情绪化的，说变就变，它是建立在真假参半的陈词和偏信未经交叉询问的证人的基础之上的。他们会告诉你，对像这样的案子进行审判时，法律有着精密的保障措施，可以确保案件真相为人所知，并且所有与本案相关的合理意见都会被考虑进来。他们会告诫你，如果允许在这一框架之外的民意对我们的判决有任何影响，所有的这些保障都将付诸东流。

但请公正地看看我们刑法执行的一些现实情况吧。总体而言，当一个人被指控犯罪，有四条路可供他逃脱惩罚。其中之一就是法官根据所应适用的法律判定他没有犯罪。当然，这是一个在相当正式和抽象的氛围中做出的判决。看看其他三种可能使他逃脱惩罚的路径。它们是：（一）检察机关做出不起诉决定；（二）陪审团做出无罪判决；（三）行政长官的赦免或者减刑。

谁能说，做出这些判决时都遵循了严格和正式的规则，并且既能防止错误发生，排除情感等个人主观因素的影响，又能保证所有形式的法律都被遵守？

就陪审团而言，我们确实试图把陪审团对案情的思考限制在与法律相关的范围内，但无须自欺欺人，这样的企图并未真正成功。在正常情况下，有关我们面前这个案子的所有问题本应直接交给陪审团。如果是这样，毫无疑问，陪审团会出现无罪判决，或至少会出现意见分歧的情况，从而会阻止有罪判决的做出。

如果陪审团被引导，人的饥饿以及他们的协定不能构成谋杀罪的抗辩，他们的结论仍极有可能忽视这些引导，并将比我们可能做的更加歪曲法律的字义。当然，这种情况没有出现在本案中，唯一的原因是陪审团主席刚巧是一位律师。他的学识使他能够想出一套说法，使陪审团逃避通常应承担的责任。

我的同事唐丁对检察官事实上没有决定不起诉此案表示恼怒。就像他自己严格遵循法律理论的要求那样，他非常同意把这些人的命运交由检察官在法院之外根据常识做出决断。另一方面，首席法官希望对常识的应用放到最后，尽管与唐丁相似，他也希望没有个人因素参与其中。

接下来到了我的结论部分，它与行政赦免有关。在直接讨论这一主题之前，我想观察一下民意调查结果。如我所说的，九成的人希望最高法院完全赦免这些人或给予某种在一定程度上有名无实的惩罚。其余一成的人是一个非常奇怪的混合群体，里面夹杂着许多奇异的观点。我们的一个大学专家对这一群体做了研究，发现这个群体的成员分成几种类型。

他们中一部分人是花边小报的订阅者，这些限制发行的小报给它的读者提供了一个扭曲的案件事实版本。一些人认为"洞穴探险"意味着食人，而同类相残是人类社会的原则。然而我想说的是，尽管这一群体的观点表现出可以觉察到的多样性和阴暗面，但据我目前所知，他们中没有一个人，而且那多达九成的大多数人中也没有一个人会说："我认为由法院对这些人判处死刑，然后由另外一个政府部门赦免他们是一件好事。"虽然这一贯是一个或多或少主导我们讨论的解决方法,我们的首席法官也推荐这一方法,认为借助这种方法可以在避免不公正的同时,保持对法律的尊重。但是,他应该被说服,如果说他在维护什么人的道德,那也是在维护他自己的道德,而不是公众的道德,公众道德对他所做的区分一无所知。我之所以提及此点,是因为我想再次强调那一危险,我们有可能在自己的思想模式里面迷失方向,而忘记了这些思想模式对外部真实世界没有任何哪怕微小的影响。我现在讨论本案中最关键的事实,法庭上的每一个人都知道它,尽管我的同事认为把这一事实掩盖在法官袍之下比较合适。这就是那一让人恐惧的可能,面对这一问题的最高行政长官可能拒绝赦免这些人或给他们减刑。众所周知,我们的最高行政官是一个上了年纪、观念僵化的人。公众的喧哗在他身上起的作用经常与人们所要追求的效果背道而驰。我告诉过我的同事,我老婆的外甥刚好是他的秘书的一个密友,我已经从这一间接的、我认为也是完全可靠的方式得知,如果这些人被判违法,他将坚决不给这些人减刑。

对将如此重要的一件事的判断建立在有可能是流言的资讯之上,我比谁都感到遗憾。如果依我的作风行事,就不会产生这种情况,我会采取合理的方法,和行政长官坐到一起谈谈这个案件,发现他的观点是什么,也许还可以和他一起拟定出一个共同应对这种处境的方案。当然,我的同事永远不会采纳这样的意见。

他们对于直接获取准确资讯感到踌躇,但他们也对间接得到的资讯感到不安。他们完全了解我刚才所陈述的事情，这解释了为什么通常是礼仪典范的首席法官，认为自己在行政长官面前甩着法官袍，以开除教籍威胁对方减刑是合适的。我猜想这也解释了我的同事福斯特将整个图书馆的法律书从被告的肩膀上轻轻举起的壮举。它同样解释了，我那尊重法律的同事基恩为何会仿效古代戏剧中身兼数个角色的人，走到舞台的另一端。"作为一个公民个体"对行政长官表达一些评论。（我附带提及一点，公民基恩的建议会在用纳税人支付的钱打印的本法院报告中出现。）

一个判例的启示

我必须承认，随着年龄的增长，我越来越对人们拒绝把他们的常识应用于政府和法律问题感到困惑，这个悲剧性的案件加深了我的气馁和沮丧。我只能希望说服我的同事接受我自从承担司法职责以来就一直适用于司法的原则的智慧。事实上，在一个令人遗憾的轮回里，我在范雷格（Fanleigh）郡初审法院做法官时所审理的第一个案件中就碰到过与本案类似的问题。

一个教派开除了一位牧师，据他们说，该牧师投靠了与该教派竞争的另一个教派，认同了那一教派的观点和实践。牧师四处分发传单，控诉开除他的教派当权者。该教派的一些世俗成员召开了一个公众集会，在会上他们提议解释该教派的立场。那位被开除的牧师参加了这个集会。有人说他是在未被察觉的伪装之中溜进来的，他自己的说法是，他是作为公众的一员公开进入的。

无论如何，当演讲开始后，他打断了有关教派事务一些问题的陈述，发表了捍卫自己观点的演说。

他被一些听众攻击并被痛打一顿，除了下颌骨骨折还受了其他一些伤。他对发起集会的协会和十个他声称攻击他的人提起诉讼，要求赔偿。

当这个案子进入审判时，对我来说，案件起初看起来非常复杂。律师提出一大堆法律问题。对该协会的起诉中，有些是关于证据可采性的问题，比较好解决，有一些困难的问题，要看牧师是非法进入者还是获许可进入者而定。作为一个法官席上的新手，我渴望应用我在法学院所学的知识，我开始深入研究这些问题，阅读所有的权威著作，准备理由充分的裁决。但我在研究这个案子的过程中，越来越陷入法律的复杂之中，开始进入类似我的同事唐丁在本案中的状态。

然而，突然灵光一闪，我想到所有这些复杂的问题都与这个案子无关，我开始依据常识来探究这个案子。这个案子立刻获得新的思路，我发现我唯一需要做的就是引导陪审团做出对被告有利的裁决，因为证据不足。

我得出这个结论是基于下面的考虑。导致原告受伤的打斗是十分混乱的，有些人努力靠近混乱的中心，有些人极力离开它，有些人试图打原告，有些人则试图保护他。要想把这些都弄清楚，将花费很长时间，我判决说，对联邦来说，任何人的下颌骨骨折都值不了那么多赔偿（附带说一下，牧师的伤病在其间已经痊愈而没有导致毁容，也没有损害他正常的能力）。此外，我强烈地感到原告在很大程度上是自作自受，他知道关于这件事群情激奋，也可以很容易找到另外一个表达观点的场所。我的判决得到媒体和舆论的广泛好评，他们都不能容忍被开除的牧师试图辩护的观点和行为。

现在，三十年过去了，拜有事业心的检察官和一个严格遵守法律的陪审团主席所赐，我现在面临的这个案子所提出的问题，实际上与那个案子所涉及的问题非常类似。世界并没有多大的改变，只是此时不是对五六百弗里拉的赔偿金的问题做出判决，而是要对四个人的生死命运做出判决。而这些人已经经受的磨难和屈辱，比我们大多数人在千年之内可能要经受的还要多。

我的结论是，这些被告是无辜的，被控的罪名不成立，有罪判决和量刑必须撤销。

最后判决

唐丁法官再次表达意见：

首席法官问我在听了两位同事刚才论述的观点之后，是否打算重新考虑自己先前的主张。我想说的是，在听了这些意见后，我更加确信自己不应该参与对这个案件的判决。

由于最高法院意见不一且各种观点的论证针锋相对，不相上下，初审法院的有罪判决和量刑最终得到维持。根据裁定，刑罚将在4300年4月2日上午六点执行，届时死刑执行官将奉命干净利落地绞死被告人。

后　记

　　既然法庭已经宣告了判决，对日期的选择感到困惑的读者，也许希望被提醒：我们距离 4300 年的时间，大约相当于伯里克利时期（Age of Pericles）距离现今的时间。这洞穴探险者案既无意成为一个讽刺作品，也不是一般意义上的预言，从这些角度看本案是毫无必要的。至于组成以特鲁派尼为首的法庭的各位法官，与他们所分析的事实和判例同样都是虚构的。

　　本案并无刻意关注与当代的相似点，所有那些力求对号入座的读者，应被提醒他陷入了自己设置的闹剧之中，这可能导致他不能领略纽卡斯国最高法院发表的观点中所包含的朴素真理。

　　构思该案件的唯一目的，是使大家共同关注一些存在分歧的政治和法律哲学。这些哲学给人们提出了有关选择的问题，它在柏拉图和亚里士多德时代就被热烈讨论。假如我们的时代对这些问题有自己的看法，或许选择问题的讨论将会继续。如果本案存在任何预测的因素，那至多也是说明本案所涉及的问题是人类永恒的问题。

第二部分

4350 年：九位法官，九个延伸观点

萨　伯

撇开己见

首席法官伯纳姆陈词

> 对立法机关而言，法律和道德不可分离；对司法机关而言，法律和道德相互独立。立法机关禁止谋杀有其道德动机：它认为谋杀是错误的，因此禁止它……但是，人民不允许法官们适用自己的道德观点。

一个"漏网"杀人犯现身

去年底，一位独居于西部荒野的老人被当地警方拘捕，并被控五十年前犯有谋杀罪，整个世界都震惊了。此人并不否认他与四个朋友曾经杀了一个人，但是他否认他们的行为构成了谋杀罪。他承认自己是五十年前被困于山崩之中的探险者之一，并且由于饥饿所迫——在他们自己看来是这样，杀死并吃掉了一个同伴。那次悲剧性探险的五位幸存者当中，有四人被拘捕受审，并被判犯有谋杀罪。四人在庭审时没有透露出点滴蛛丝马迹，表明还有第五个幸存者尚逍遥法外，或曾经与他们共处于一个山洞之中。本法院审查了他们的有罪判决，即联邦诉洞穴探险者案（以下简称"探险者案 I"）。法院的两派意见势均力敌，陪审团的有罪判决得以维持，四名被告人被按时处决了。

对于当初审判四名同伴时所认定的事实，本案被告人毫无异议。案件事实已经在首席法官特鲁派尼的陈词中被恰当概括（见第 3 页）。但是该名被告人拒绝详细阐述事实尚不够清楚的地方，比如，计划抽签时涉及数学计算上的细节，或者具体的杀人手段。他所提供的仅有说明他脱逃过程的事实。尽管这些情况非常有趣，但它们并不能说明他是否犯有谋杀罪。由于他是在被捕之前从救援营地逃走的，因此免于被控犯有脱逃罪。

西部地方检察官仅指控他犯有谋杀罪，并由一个陪审团进行了审理。

纽卡斯国当下的关于谋杀的法律条文与五十年前毫无二致，联邦法典第十二条 A 款规定："任何人故意剥夺了他人的生命都必须被判处死刑。"事实上，探险者案 I 至少催生了两项修改该法律条文的建议：第一个建议是法律应详细规定什么构成故意；第二个建议是应赋予法官自由裁量权（指法官审理案件的过程中享有的自主判断的权力——译者注），以便于他们可以选择一种恰当的惩罚方式。但是这两个建议都未获采纳。立法者维持了眼前这一古老的关于谋杀的法律条文，理由是它一目了然。他们认为，这种简明性免去了许多烦琐无益的分析，并便于公民们理解，从而引导自身的行为。基于这些理由，该项法律一直保持原封不动。

故此，与他的同伴们一样，眼前这名被告人被根据同一条法律定了罪，因为他们的行为完全相同。

被告人不服判决，便上诉到西部地区巡回上诉法院，该法院援引探险者案 I 作为先例，驳回了他的上诉，于是他又上诉到最高法院。我们发现自己处于非同寻常的处境当中，因为我们审理的这个案件在事实上和法律上都与一个多年之前审结的案子完全相同。之前的案件对实体问题做了充分审理，所有上诉都穷尽了。这是拒绝审理本案并维持上诉判决的很好理由。但是，上诉法院误解了先例的性质和效力。探险者案 I 并不是一个支持陪审团有罪裁定的判决；它是一个未决裁决，因为它没有获得多数的支持，也没有任何两个法官持相同意见。它也没有确认四名被告人有罪——确认或否认罪名的意见都没有形成多数，其程序效果上是让陪审团的裁决保持原状。与我们一样，上诉法院倾向于避免重新审理一个在法律上和历史上都有定论的案件。但是，上诉法院把探险者案 I 视为一个有约束力的先例，这是错误的。我们之所以受理本案，部分理由就是要纠正上诉法院的这一错误。同时我们亦感到那些重大事实需要得到比五十年前更为权威的解决。我们希望，较之五十年前导致司法僵局的那些思想流派，当代的法律理论能使我们更胜任眼前的任务，因此受理了上诉。怀抱着这份希望，我们今天在这里发表各自的看法。

依照法律，被告有罪

汉迪法官诉诸社会舆论和报纸评论来裁判探险者案 I。当时，九成的公众希望四名被告人被宣判无罪。不可思议的是，这一数字与本案被告所得到的声援极为相近。公众似乎认为，从道德上而言，这是一桩简单明了的案件。于此我没有异议。五名幸存的探险者，只不过做了大多数良善之人在相同情境下都有可能做出的事情，只不过大多数人都没有那五个人的勇气和决心。即使他们确实做了不道德的事情，也很难找到正当的道德理由去处死他们。如果我们谴责他们为了救五个人而杀掉一个人，那么我们如何证明以十名工人的生命为代价把他们救出来，却又将其送去受审并处死是正当的呢？眼前这第五位被告和他的同伴一样都很难找到正当理由将其处死。

然而，公众可以仅仅考虑案件的道德处境而宽恕被告，我们却不能这样做。我们必须去发现法律的要求是什么。

特鲁派尼和基恩法官在探险者案 I 中主张，从法律上讲，这是一个简单明了的案子，我对此同样深信不疑。探险者们故意杀死了威特莫尔，该案的事实不能做别的理解，它不会得出任何其他的结论。杀害行为是有预谋的，长时间的讨论是为了确定一个选择受害者的方法，每一步都是有意图的。假如在即将被行凶的人杀死之前的最后一刻，威特莫尔因为绊倒在地，头磕在一块岩石上而死亡，那么存活下来的探险者们肯定会在受审时那样陈述。无论如何，他们本来可以这样说的。这一说法尽管可能是可疑的，但也确实无法辩驳。但是恰恰相反，他们没有提出任何证词否认他们自发并有意地杀害了威特莫尔。

故此，本案在道德上和法律上都是一个非常简单的案子。不幸的是，从道德上而言，简单会导致无罪判决；从法律上而言，简单却会导致有罪判决。这种矛盾解释了我的同事在他们的冗长意见中所反映出来的痛苦煎熬。

但是事实上并没有必要痛苦，甚至长篇大论也属多余。我们是最高法院的法官，我们立誓要解释、适用和维护纽卡斯联邦的法律。虽然法律常常不够清楚明了，但我们誓言的意思却非常明白。当法律与道德冲突时，法官的角色就是守护法律。法官们作为公民当然可以去做很多事情，例如，向行政长官请愿要求行政赦免，向立法机关游说改革法律，批评检察官，事后批评陪审团，在报刊文章里发泄怨气，甚至在猫身上出气。但作为法官，我们必须遵守法律。既然该案在法律上简单明了，那么我们的义务是什么也非常清楚。以前那些被告犯有谋杀罪，眼下这名被告也犯有同罪。

法律无关同情

简而言之，我完全同意基恩法官的看法。但是，基恩法官并没有回答审判当中被告人所提出的每一个反对意见，检察官做了这方面的努力，但是这种回答可以更为系统全面。

被告的辩护律师针对故意谋杀指控提出了许多反对意见。尽管这些反对意见带有某种法律的色彩，但是在我看来，它们并没有法律上的根据。我认为，它们源于与法律无关的同情和个人道德观。

前面我已经总结了案件，说明了杀死威特莫尔是故意行为。我认为这点是理所当然的。事实上，我确信，如果在别的案子中，一个同样有力的故意犯罪指控没有遭遇到与法律无关的同情和个人道德观的反对的话，这片土地上的每一个法官和每一个公民肯定都会立刻认为被告的罪名成立。

举例言之，想象这样一个杀人者，他跟这些探险者一样，毫无疑问没有罪恶的意图，但杀人行为同样毫无疑问是有意图的、自发的和有预谋的。想象这样一个杀人者，我们对他没有任何不适当的个人同情。请设想，一个富人在路上通过汽车电话得知一英里之外有一个令人激动的舞会，但是他穿得太随便，也没有时间回家换衣服或者去购置合适的衣服，所以他就在街上寻觅，最后他看见一个体形与自己相仿的人，身上穿着一件华美的上装，戴着优雅的领带。他让司机把车停了下来，并且与司机一道将那个人拽到汽车里，脱下他的外套和领带，随后从废物篓里捡了空鱼子酱罐头的锋利铁片，割断了那人的喉咙。会有人怀疑这一杀人行为不是故意的吗？不会。但是，如果此人像探险者一样并没有邪恶的意图，而我们判他有罪却判探险者无罪的唯一理由就在于，我们对那些可怜的探险者抱有一种同情。这种同情感可能是非常普遍、自然而然并值得赞扬的，但是根据我们的法律，它并没有任何权威的力量。

不论这些感情如何不恰当，它们确实促使很多出色的法律人去为这一本来有定论的案件寻找不适当的法律反对意见，因此尽管这些反对意见琐碎且有所歪曲，它们也应该得到简要的正式回答。

紧急避难抗辩不成立

本案被告与他的同伴一样，诉诸所谓的紧急避难抗辩。他声称，紧急避难促使他不得不那样做。并且他进一步声称，他的行为并不是法律意义上的故意行为。当然，法律告诉我们，如果行为不是故意而为，那就不构成谋杀罪。让我们更仔细地审视一下这些申辩吧。

一、滥用紧急避难将破坏法治

假如我声称紧急避难逼迫我不得不为，就可以违背法律且免于处罚，那么我就可以做任何我想做的事情，任何其他人也都可以。其结果便是对法治直接和全面的破坏。如果紧急避难抗辩要获得法律效力，那它必须受到严格限制。至少运用这种抗辩的被告所要做的，就不仅仅是声称紧急避难。甚至，他们也不仅仅要表明自己对于紧急避难的确信是真切而笃诚的，他们还必须表明自己的紧急避难确信在特定的场合下是合理的，也必须说明有客观的理由表明他们除此之外别无选择。

我承认，这些探险者的确认为杀掉他们的一位朋友是必要的。很难想象如果没有这种确信，他们为什么要杀掉自己的朋友。但是，在当时的情形下这并不是一个合理的确信。威特莫尔想在杀死他们中的一个人之前再等一个星期看看。如果他认为他们还能再等一个星期，即使这种想法是错误的，那么至少也说明，这些被告人在杀人当天并没有面临十万火急的紧急避难。正如陪审团的一个不同意见或许会挽救被告人或造成审判无效，因为它表明可能存在合理的怀疑，一个正在忍受饥饿煎熬的探险者还想再多等一个星期，这一事实会谴责被告人并支持指控，因为它说明"为了求生必须立刻杀人"这一想法并不合理。

二、饥饿不能构成紧急避难

即使探险者们合理地确信杀掉一位同伴是必要的，联邦诉冉阿让案的判决也会推翻他们的主张。关于饥饿能否构成紧急避难这一问题，我们早已有答案：它不能构成。既然一个人不能为了防止饿死实施相对无害的偷面包行为，那我们当然也无法容忍为了避免饿死而有意杀人并食用人肉。

三、减轻饥饿并非只有杀人一种选择

但即使饥饿是我们的法律会承认的紧急避难类型，并且即使探险者们合理地相信它是紧迫的，他们也负有减轻的义务。那就是说，在实际杀人之前他们有义务尝试任何不那么残酷的权宜之计。比如，他们可以等待第一个人饿死后再吃掉他。那会使得杀人毫无必要。他们可以吃掉自己的手指、脚趾、耳垂或者喝自己的血。例如，如果他们由最小的脚趾开始吃起，可以很容易用止血带止住流血。反对使用止血带的通常意见是，那会导致他们失去四肢末端，但是如果他们无论如何都必须吃掉这些，或者如果不靠这些他们就会死去，这种意见就是不恰当的。这些"零食"能让探险者们再支撑几天，甚至一直到无线电联络后的第十天，救援者们预计到那时救援行动会取得成功。至少，这些人可以通过无线电询问医疗专家这些"小零食"能否帮助他们活到获救之时。至少他们可以再坚持几天，或许一直等到真正的紧急避难时刻。

　　请注意，至少有四种可替代杀人的选择：（一）等待最虚弱者自然死亡；（二）吃掉不太重要的身体末梢；（三）尝试重新恢复无线电联络；（四）再等几天。无可否认，在这些选择当中，吃掉他们自己身体一部分的建议怪诞而恐怖，但是如果替代的是杀人的话，那这一选择就不仅是合理的，而且是必需的了。如果紧急避难确有所指的话，那它的意思就是，当时的情境不允许探险者们做出没有他们的实际选择那么有害的选择。在杀掉威特莫尔的当天，这些人还没有到那种情形。

四、制造危害者不能受惠于紧急避难

　　即使他们没有义务在实施更为恐怖的行为前尝试不那么恐怖的权宜之计，由于自己的选择造成危险或者紧急避难的人也不可以使用紧急避难抗辩。这些人设想了山崩的危险，否则怎么会在协会留下指示以便在他们未按确定日期返回时展开搜救？否则怎么会携带无线电设备？他们明明知道山洞探险运动是危险的，他们的自由选择将自己暴露在那种危险之下。当危险来袭时，人们应该对他们感到同情，但是他们没有法律上的申辩资格。他们不能以自愿面对的危险为由杀掉别人。

五、被告应对危机准备不足

即使他们并没有预见到山崩的风险，他们也疏忽大意了，带的食物太少以至于无法应对山崩的风险。事情的结果证明了此点。他们知道那个洞穴里没有任何动植物，但只带了"刚刚够用的食物"，我们不能因为将他们困在洞中的不可抗力而谴责他们。但是我们可以责难他们没有做好充分的准备以应对危险，他们知道或者应该知道这种危险是他们参与危险运动所固有的。

六、选择被害人有欠公平

即使他们有资格运用整体的紧急避难抗辩，被害人也应该被公平地择定。在本案中，选择手段是抽签，他们最初都是同意的。我们并不知晓他们花了很长时间去讨论的抽签的数学细节。但是很显然，那些时间花得确有所值，他们设计出了一个方法，使每一个成员都接受了那种恐怖的前景。但是，在掷骰子之前，威特莫尔撤回了同意，理由是（正如上面提到的）他认为抽签还不是十分必要。威特莫尔撤回同意的理由削弱了紧急避难抗辩，而且他的撤回本身即使毫无根据或者不够理性，也削弱了选择程序的公正性。如果选择方法不公平，即使紧急避难的成分仍在，整体上的辩护也就失败了。想象一下有着与本案一样的紧急避难的情形：如果被告人放弃了公平选择一个受害人的努力，转而依赖种族憎恶做出选择，杀掉他们之中的欧洲裔或者犹太裔纽卡斯人，我们会判决他们无罪吗？显然不会。

这就是本案中的紧急避难抗辩的结论。它是不能成立的。

法律不能依个人好恶去解释

不止一个同事想用关于谋杀的法律条文的精神来代替其字面含义，或者为了实现其目的干脆把它搁置一旁。尽管我们作为法官的职责就是要解释法律，但是那并不允许我们把自己不喜欢的已有明确规定的法律加以修订，并将这种僭越行为称为"解释"。

根据费勒案，我们可以为了纠正一个明显的印刷错误而修订法律条文。但是那一合理的先例不能被扩展到本案，被用来宣告这些探险者无罪。在费勒案中，那一法律条文的目的非常清晰，因此它非常有助于人们正确理解被误用的语言。在本案中，正如我同事们的分歧表明的，关于谋杀的法律条文的目的并不完全清晰。它或者是威慑犯罪（帕里案），或者是报应（斯坎普案），或者是改造（梅克欧沃尔案）。我们不能将法律的大厦建立在此等流沙之上。因此，我们必须接受这部法律条文的明确规定，不能为了适应我们的口味而修订该法，求诸矛盾重重的关于谋杀的法律条文的目的理论。

唐丁法官主张那些反抗侵犯者的人并不是"故意"地实施行为，因为他们的反应植根于人的自然本能（见第20页）。他并没有将这一分析运用到本案当中，因为探险者们的行为显然是故意的，但是他仍然断定关于谋杀的法律条文的目的与人类本能是一致的。相似地，福斯特法官承认，"支持自我防卫的例外是不能与法律条文的字义调和的，能与之调和的只有法律条文的目的"（见第14页），并主张支持自我防卫的那一目的也支持本案中的杀人行为。这些主张的问题在于，它们允许法官推测法律的目的，并根据这种推测做出结论。再也没有其他方法能比这更快捷地把法官从法律的束缚中解放出来并让他们任意遵循个人意见的了。尽管法律条文只字未提，自我防卫还是被承认为法律条文的例外，其真正原因是在该法起草和通过之时，这是所有的立法者、法官和公民所公认的。改变这一古老而普遍的规则并不是原始立法目的的一部分；如果它是的话，立法机关知道该怎样让自己的意图明确无误。与此类似，我们无须为了表明死刑与关于谋杀的法律条文是相容的，而费力地去争论有关"故意"的问题；之所以是相容的，是因为它与自我防卫一样在法律条文被通过之时是合法的，而且是普遍存在的。

我们已经听过有人这样主张，说关于谋杀的法律条文创造了一个基于人类本能的例外，或者说紧急避难否定了故意。我敢肯定，我的同事们对法律条文的含义做出这样的论断时，他们认为自己的说法通情达理。但是我真不知道，除了词句对于那种语言的一般使用者来说具有的通常含义之外，一部法律条文还能表达其他的意思。如果语言的一般使用者在特定语词的意义上存有分歧，那我们可以向那些语词的作者询问。但是我们不能向法官们咨询这个，好像他们是解释语言含义的卓越而独立的权威似的。

法律条文中语词的一般含义并不支持任何有关基于人类本能的例外或者紧急避难免责效果的推测。我非常肯定，起草和通过那一法律条文的立法者以及签署法律使之生效的行政官在心里根本就没有想过法律的这种微妙之处。相反，自我防卫和合法的行刑则毫无疑问是在他们的考虑之中的。

政府的立法部门应当受到我们的尊重，但并不总要受到崇拜。该部门中很少有人精通刑法，并且对刑法的基本道德问题有着深切关怀。立法机关中的那些非法律人士毫无疑问从来没有认真考虑过人类本能、紧急避难或者犯罪意图问题。里面的法律人士也大多是民法或者公司法的执业者，其财富助其成功地竞选上了公职。他们有关刑法的知识完全来自在法学院就读时所上的一门必修课。极少数有过刑法学训练的法律人，即是那些靠起诉腐败政治家而获得的名声成功进入立法机关的检察官，他们的职业兴趣在于找到一些策略把确定的被告人送入大牢，而不是深入思考支撑或者应该支撑我们确定刑事责任之方法的道德原则。作为检察官，他们无须证明关于谋杀的法律条文中"故意"的要求是正当的，或者解释其基本原理；他们只需说服陪审团一个做了恶事的人是故意实施该行为的。此外，即使那些对刑法的原则有某种深入思考的法律人，也要按要求对卷帙浩繁和包罗万象的刑法草案进行投票，这种草案内容繁多，除了"牢狱律师"之外没人能完完整整地读下来。而且至少有一半的投票由党派领导命令其做出，或者由院外游说者的说辞所诱导，或者为了换取其他立法者在其他法案上的支持而拿来做交易，即使立法者们确实对法案有一点儿自己的想法，投票也无须反映出他们自己的观点。简而言之，立法者的原始意图绝不是像我的同事们所勾勒出来的那种深奥微妙的东西。相反，碰巧要就立法进行投票的非专家有可能被工作班子中的专家告知，"故意"这个词是法律条文中一个很好的观念，可以将我们希望惩罚的杀人者和那些我们不希望惩罚的区分开来。

当然可以进一步说，即使立法者们理解了他们所要投票表决的语言，并且对法案的基本政策和原则做了尽职尽责的考虑，也本着自己的良心投了票，他们之间的分歧也使我们不能说"该立法机关"有什么单一的意图。即使其行动完全一致，我们需要向每一个有权力修改或者废止那一法律条文但又选择不那么做的后继立法机关咨询其意图吗？

以上这些论据要求我们遵循像"故意"等词语的一般含义，而不是追随在学术性法学期刊上看到的最前沿和最精妙的理论。如果有人指出立法机关的原始意图和那些语词的一般含义可能发生冲突，我会立刻承认这种观点。但是不能转而赞同那些最接近于法官个人口味和道德观念的意见，对立法目的和一般含义置之不理。

守护法律是法官的职责

我已经论述了道德原则是法律的基础，但同时我也论述了法官应该将法律和道德区别看待。如果说我有点儿过分简洁了，那么下面这种限定会让上述主张的融洽性一览无余；对立法机关而言，法律和道德不可分离，对司法机关而言，法律和道德相互独立。立法机关禁止谋杀有其道德动机：它认为谋杀是错误的，因此禁止它。没有人怀疑这一点，人们也都希望事情是这样的。但是，人民不允许法官们适用自己的道德观点。法官的任务是解释立法机关的语词，这些语词反映了立法机关的道德观点，也在某种程度上反映了人民的道德观点。

我们要像普通公民和陪审员可能理解的那样去解释法律条文的语词，并根据法律条文通过之时的习俗来解决疑难问题，假如立法者的意图清晰明白，那它也被包括在这种习俗之中。这是人类至今所发现的强迫自己适用法律、避免行使凌驾于法律之上的专制权力的不二法门。

我要提醒我的同胞们，有三点极佳的理由要求我们不以道德的名义否决法律，或者以解释的名义混淆法律与道德。第一个理由是，我们被任命终身之职。所以我们与政治过程完全隔绝；我们不向人民负责。因此在公职人员当中，我们最不应该将决断建立在政策或者其他有吸引力的代替品——诸如道德或者正义之上。我们与政治过程彼此隔绝的唯一目的是，让我们可以遵守法律行事，即便这从政治上看确有困难。本案的判决在法律上非常容易做出，在政治上却很难宣布，它是对我们职责的再清楚不过的召唤。

第二个理由是，当本法院以前的法官显现出一种目空一切的倾向，做出的判决用个人道德观代替或者削弱这片土地上的法律之时，人民起而反抗了（见第26页基恩法官意见）。在继之而来的内战中双方的许多暴行严重破坏了我们的联邦。即便法官的正确角色在内战之前尚不清楚，那么现在它也应该是一目了然的了。

第三个理由是，我们生活在一个多元社会之中。那些要求我们以正义的名义把法律抛诸一旁的人显然假定，我们个人的正义观念与他们的完全一致。如果我们不顾法律而去施行个人的正义观念，并使之成为规则，那我们就会冒犯和压迫道德观点与我们不同的人。如果在一个法律与大众道德几无区别、司法造法与立法机关的立法指向一致的同质社会中，这么做或许还有一点儿理由。但是我们生活在一个多元社会当中，这意味着我们在道德问题上的分歧是真实而深刻的，而不仅仅流于表面上；它同时也意味着我们达成了一种更高层面上的一致，即在法律与政府统治的层面上，这些彼此竞争的观点中没有任何一种有资格压倒其他的。如果这些观点中的一种其支持者在数量上成为多数，并且聪明地利用了投票，它可以暂时主导我们的政治生活。但是，我们也达成了另一种更高层面上的一致，即每一种数量上的少数原则上都可以变成数量上的多数。因此尽管我们通过计算选票选举立法者，我们也只是给了公民们一张选票，而不是让他们的观点具有"道德上的优越性"。生活在多元社会中意味着，任何一种观点都不会在官方层面上被视为在道德上优越于其他的观点。如果事实的确如此，那假如我想压制那些在定义正义为何的问题上与我意见相左的人，我就只能以正义之名把法律抛诸一旁。如果人民作为整体通过法律来表达意志，那么以正义为名将法律抛诸一旁，就是以优待与法官想法一致的群体的名义践踏了人民。在那种意义上，诉诸法律之外的正义就是精英主义者在企图颠覆民主，如果我们都倾向于同意诉诸正义，那是最危险不过的。只要我们尽力使得所有的观点都能在立法过程中得到倾听——我们正是这样做的——那在多元社会中维护和平安宁甚至正义的唯一手段就是守护法律，我们永远不能为了仅仅由一个派系、教派或者集团所持有的道德或政治观点而置法律于不顾。

如果没有以上这三个理由，在具有道德强制性的判决与具有法律强制性的判决之间存在区别的情况下，人们倾向于前者就不会有什么问题，并且也是明智的。但是这三项理由要求人们得出相反的结论。我们的法律专业学生中流传着一个古老的笑话，它说的是，如果你想研习正义，那你应该离开法学院到哲学系或者神学院去注册。我想，人们可能认为它是可笑的吧，或者它被用来嘲笑我们的职业。但我从来不这样理解这则笑话。法律在很多方面不同于理想中的正义，其中之一是，法律体现了特定时刻特定民族同意用来统治自己的理想正义，为了确保这种同意，法律必须接受每个人的个体理想所达成的诸多妥协。

那些在道德问题上有些急躁的理想主义者，不理解法律在人类事务中的地位，他们在法律之上和法律之外寻求正义，并把他们自己的正义观念置于民主程序所产生的妥协之上，对这些人，我最后要加上一句，法律本身就包含了那一问题的解决方案。行政赦免（用洛克的话来说）的目的是减缓法律的严苛。如果我们的法律清楚明白，但又过分严厉，这时法官应该做法律所明确要求的事情，因为它是法律；行政长官则可以考虑赦免，因为法律过分严厉。显然，这样说根本不是要通过福斯特法官提出批评的特鲁派尼法官所建议的方式把责任转移给行政长官。相反，它可以让法官承担作为法官的责任，做出法律所要求的判决，即便该法律严苛无比。

我赞成维持有罪判决。

判案的酌情权

斯普林汉姆法官陈词

紧急避难抗辩内在的法律原则是，由于紧急避难而实施犯罪的人没有犯罪意图，所以不应该受到惩罚……如果探险者们出于紧急避难而杀人，那么他们就没有犯罪意图，或者说没有在实质的意义上故意杀了人，因此应该被判无罪。

被告没有犯谋杀罪

有关探险者案 I 的意见中唯一让我感到惊奇的是，有人坚持认为这是一桩简单的案子。特鲁派尼和基恩法官认为事实很明显，就是那四名被告杀死了威特莫尔。在本案中，伯纳姆法官认为第五名被告人同样是故意杀人。福斯特和汉迪法官依据不同的理由来宣告这些人无罪，但是都认为宣告无罪是法院的唯一明显的办法。不过对我来说，这个案子明摆着是一桩疑难案件。唐丁法官理解此点，但是并未能一以贯之。和简单案件一样，疑难案件也有答案，尽管它们要求法官们承担起更大的需要谨慎细致、考虑周详的责任，并且无法确保得到每一个尽责的法官的同意。但疑难案件答案的此种特性不能如福斯特法官和汉迪法官所主张的那样，被当作诉诸私人道德信念的借口；不能如特鲁派尼和基恩两位法官所主张的那样，被当作对那些导致就职宣誓难以实现的法律复杂性视而不见的理由；不能如伯纳姆主张的那样，被当作过分简化法律与道德之间关系的理由；同样，也不能如唐丁法官所为，成为碰到死结就赶紧放弃的托词。

根据纽卡斯国的法律，探险者们并未犯有谋杀罪。因此我投票撤销被告人的有罪判决。我想要强调的是，他们之所以要被判无罪，并不是基于什么抽象的正义、理性、常识、自然法或者流行道德观念，或者民意调查，而是基于纽卡斯国的实定法，尤其是界定谋杀罪的那部法律条文及解释它的先例。

我发现我的同事们的观点中有一种过分简单化的对立：一方面是判决不容选择（因为法律清楚明了），另一方面是判决需要自由裁量或者考虑某些法外因素（因为法律并不明确）。但是，当我声言这是一个疑难案件之时，我并没有说，那允许我可以通过诉诸自由裁量或者法外的考虑来裁判案件。

探险者案 I 中的法官们不认为他们可以自由运用裁量权，这使我备受鼓舞。特鲁派尼和基恩法官带着遗憾支持了有罪判决，如果他们认为自己有自由裁量权的话，那他们可能就会做出不同的判决了。在本案中，伯纳姆法官采取了一种相似的立场。假如唐丁法官认为他拥有自由裁量权，他就能轻易找个人理由来实现通过其他方式都没法实现的平衡。福斯特提出了两种精巧的论点，汉迪则求诸民意来做出判断。即使他们犯了错，也只是错在判断标准，而不是裁量权的自由运用。既然我们并不拥有自由裁量权，因此我们必须考察法律的要求是什么。考虑到这是一个疑难案件，我们预期这种考察将会非常艰难，说不定如同神话中的赫拉克勒斯面临的任务一样棘手。故此我们在考虑法律的复杂性时要不屈不挠，坚持到底，同时也要对原则的细微差异保持敏感。

没有犯罪意图的"故意杀人"

被告人被判犯有谋杀罪，所以我们必须从考察关于谋杀的法律条文开始。如果被告是故意杀人，那关于谋杀的法律条文就要求我们对他施以惩罚，被告人承认他与四名同伴一起杀了威特莫尔。那么，剩下的唯一问题就是，他们是否故意杀害了他。

说本案是一桩疑难案件的一项理由是，案件事实使得我们无法运用当下的故意观念去得出一个稳定可靠的结论。探险者们显然就杀人进行了计划，他们花了大量的时间来讨论掷骰子的数学细节问题，掷骰子的目的就是选择一个要被杀掉的人。他们并非有意地选择了威特莫尔，但是他们的确有意地选择了一种掷骰子的方法，而且也确实有意图地杀害了被选择出来的那个人。威特莫尔也不是被意外选择或者杀掉的，他的同伴们有意地而不是意外地杀害了他。杀害行为是先前的一项计划的结果，而不是由于激怒或者盲目的冲动而发生的，探险者们在庭审时甚至没有试图声称精神失常来为自己辩护。并且如伯纳姆所指出的那样，他们也没有声称威特莫尔是自然死亡，或者在被杀之前就意外身亡。所有这一切都证明他们是故意的。

但是他们并没有任何邪恶的意图。尽管他们没有因为盲目的冲动而杀害他人，但他们的确是出于一种自我保存的动机而杀人的。唐丁法官说过因自我防卫而杀人从法律意义上而言不是故意的，因为它是出于"深深根植"于人性的自我保存的本能（见第20页）。如果镇定而清醒的自我防卫不是故意行为，那么探险者们的这一行为也就不是故意的。即使认为这不是一个自我防卫案件（我也不这么认为），我们也能够同意这点。相似地，尽管探险者们选择了杀人，但是，如果他们不这样做就只能选择自己去死。他们没有什么合理的选择。说他们发现自己处于恐怖而紧迫的情境之中，指的就是这个意思。同样，说他们因为"必要"（我将在下面进一步说明）而杀人，指的也是这个意思。所有这一切都证明不存在故意。

通常而言，杀人意图意味着，存在其他一些合理的选择，法律要求他们做出那样的选择，而不是去杀人。一般来说，预谋意味着恶意，没有冲动意味着一种可受谴责的神志清醒，但是他们的杀人行为使得这些原本的预想都难以成立。"故意"一词的诸多含义在这些事实上面无法统一起来。探险者们有预谋和有意识地采取了行动；但是并没有恶意，并且基于同自我防卫者没有犯罪意图一样的原因，他们没有犯罪意图。

但是，即使"故意"一词对本案双方都有支持的一面和颠覆的一面，那也并不意味着这个词根本不能用作我们判决的标准，也不意味着法律在本案中就像森林里的面包屑一样到某一点就消失不见了，于是我们就必须从这点开始在没有法律指引的情况下继续前进。我们不能凭自己的喜好任意决定。我们在主观上可能会因冲突的原则陷入两难，感到巨大的不确定性。然而，没有任何理由表明，我们主观上的不确定性确实反映了法律的客观不确定性，也没有理由借助如脱缰野马一般的自由裁量权、不言自明的正义或者法律的精神来回避案件的复杂性。

　　要恰当地确定这一杀人行为是不是恰当意义上的故意，就要去检视本法院解释"故意"一词的其他判例。例如，如果实施安乐死是"故意"的，那么看上去，没有恶意并不会使某行为不故意，有预谋对构成故意行为更为重要。如果一个轮胎制造商明知产品的缺陷而销售它，因此被认为在一起车祸致人死亡事件中是"故意的"，那么看上去，有无害人冲动不那么重要，有其他可供选择的合理行为方式更能使某行为成为故意，如此等等。但是非常不幸的是，我们并没有关于此点的先例。*

---

*　最高法院的成员有义务在所谓 Nomos 信息制度中的"产品召回"期间写下对本案的意见。Nomos 用电子形式公布了联邦所有的制定法和先例，而且做得十分成功，将所有竞争对手都挤出了这一领域。事实上，联邦出版署一个世纪之前在一场短视的节约政府成本的运动之后就不再公布自己版本的法律了。Nomos 目前正与一个职业法律团体进行一场诉讼，这一团体要求电子法律文件免费向社会开放。Nomos 声称它的法律版本拥有知识产权，因为它标注了页码，并且增加了自己的学术性注解。为了给漫长的问题解决过程施加压力，Nomos 将文件从网站里撤下。尽管没有人相信联邦会默许这种妨碍司法的行为，但政府的三个分支迄今为止都没有对 Nomos 施加压力。因此，目下甚至连最高法院都看不到过去五十年的判例。

　　在产品召回开始后不久作出宣判的联邦诉 Runes 案中，我们认为：（1）纽卡斯国的法院，包括最高法院，不能在产品召回期间停止判案；（2）任何法院，包括本院，都不能引用它并不拥有权威文本的先例。这种困境要求在不同案件中寻求不同解决方案。（接下页注）

由于我们假定被告在罪行得到证明之前是无罪的，并且要求刑事审判中的罪行必须得到排除合理怀疑的证明，我们应该以有利于被告的方式解决所有的疑难问题。这一不容怀疑的原则要求我们宣告被告无罪。但是不妨假定这一规则从未存在过。

法律如何界定"故意"

解决这些怀疑的另一个办法就是，考虑"故意"一词在关于谋杀的法律条文中，其功能在于表明"犯罪意图"或者"犯罪故意"的要求。这种方法更令人满意，因为它要求我们更加仔细地审视我们联邦的法律。假如没有它，我们就会不理会被告当时的心理状态，去惩罚任何一个致人死亡的人。我们也就不能将谋杀者与其他杀人者区分开来。犯罪意图的要求促使我们对那些缺乏必要心理状态的被告人判决无罪，例如，小孩儿、严重低能儿、暂时性精神障碍者，以及那些由于激情、怒气或特定种类的疏忽或错误而暂时难以自控的成年人。看一看纽卡斯国历史上解释"故意"含义的先例，我们并不会在其中发现确定我们语言用法的字典式释义，也不会发现为了确定早已离开人世的立法者们的意图而做的历史考察，而只会发现为了确定犯罪意图原则或者概念而做的法律上的界定。

同不存在先例相比，先例之间的不一致给我们造成的困境同

（接上页注）如同产品召回后不久的其他案件一样，Runes 是可以引用的，因为我们手头仍然保存有该判例的文本。

样糟糕，而且我们常常发现自己处于这种司法窘境之中。面对这种障碍时，裁判就回归到它在道德与政治哲学中的根基。"故意"一词并没有指称历史上的立法者们在投票当时心中的实际所想，更不用说如伯纳姆所提到的纽约大街上的外行所想象的这个词的意味。伯纳姆很好地说明了——尽管可能是无意地——如果让各种存在分歧和混乱不清的想法代替甚或补充我们的解释原则，我们的法律会遭遇怎样的疑难困境。相反，"故意"一词指的是故意的概念。我们的任务就是去解释这一概念，并且承认除了通过我们自己的个人观念去解释外，没有更好的方法。事实上也没有任何别的方法。甚至该词的"通常意义"也促使我们去细考这一概念，而不是去翻检先辈的日记，或者去大街上做民意调查。

伯纳姆担心这会让法官脱离法律约束，这明显具有误导性，以至于人们怀疑它就是一个玩笑。我们的任务是解释立法机关这一强大的公共约束力所设定的概念，而不是解释我们自己的偏好，或者用自己喜欢的概念去代替立法机关的概念。这正是任意行事或者自由裁量权的对立面。

紧急避难抗辩成立

纽卡斯国承认紧急避难是刑事指控的一般辩护。无论在斯特莫尔案，还是在古老的、不知名的第一个承认自我防卫例外的先例中，这都是非常清楚的。关于谋杀的法律条文和斯特莫尔案中的停车法令对紧急避难抗辩都保持了缄默，并且事实上将这种抗

71

辩从字面上排除出去了。我们还可以进一步断言，纽卡斯国的法律条文不承认紧急避难抗辩。但这并不意味着，紧急避难抗辩不为我们的法律所接受，或者与我们文明的道德原则不相容，当然也不影响我们的法院在公众的赞许之下，以紧急避难为由宣告被告无罪。那些案件构成了先例，我们要根据它们去解释"故意"一词的含义，以及关于谋杀的法律条文对免责事由和正当化事由所保持的沉默。

紧急避难抗辩内在的法律原则是，由于紧急避难而实施犯罪的人没有犯罪意图，所以不应该受到惩罚。那么故意的问题就简化为紧急避难的问题。如果探险者们出于紧急避难而杀人，那么他们就没有犯罪意图，或者说没有在实质的意义上故意杀了人，因此应该被判无罪。

进一步说，探险者们的确是由于紧急避难而杀了人。杀人的替代选择就是死亡，这是最强烈意义上的紧急避难。

伯纳姆法官有用地汇总了六种对于紧急避难主张的反对意见，尽管他过快地屈服于它们了。让我们按次序来考察一番。

一、本案紧急避难的确信合理

探险者们必然会死亡吗？换句话说，他们对于紧急避难的确信在当时的情境中是一种合理的确信吗？伯纳姆认为真诚但不具有合理性的确信是不够的，就此而言他是正确的。否则的话我们就会面临无秩序状态，原谅每一个癫狂者怀抱错误、愚蠢甚至无稽的，但同样也是真诚的紧急避难的确信去触犯刑律。因为紧急

避难抗辩将法治置于险境，所以我们必须对其存在确信的合理性
进行详细考察。

　　所幸，在本案中答案是清楚的。在人们通过无线电找到他们
之前，探险者们已经被困在山洞之中达二十天之久。他们从负责
营救工作的工程师那里得知，至少要再等十天才有可能获救，并
且从现场的医生那里知道，在没有食物的情况下再多活十天，只
有"极小的可能性"。他们从同一些医生那里得知，如果吃掉一个
同伴，则至少可以多活十天。他们也就杀掉一个成员来果腹的可
能性咨询了专业的法律和道德意见，然而得到的只有沉默。事后
质疑被困地底行将饿死的人们的行为，不是恰当之举。在本案中，
探险者们为紧急避难采取那一绝望行动在当时情况下是合理的，
这再清楚不过了。它并没有建立在他们自己对于生命的预期之上，
这种预期会被虚弱和恐惧所扭曲；它是根据专家意见做出的。事
实上很难设想，如果还有更让人乐观的信息的话，这些人会被迫
杀害并吃掉一个同伴。

　　伯纳姆法官指出，威特莫尔想再等待一周。的确如此，但这
并不意味着威特莫尔的意见是对的，也不意味着它比杀他的人的
意见更为合理，甚至也不意味着那种意见本身是合理的。他的犹
豫完全可以理解为不安和恐惧。探险者们必须选择，是相信威特
莫尔的意见呢，还是相信从无线电里传来的工程师和医生们的意
见。面对这样的选择，他们的那一行为也是再合理不过的了。

二、本案中饥饿可作为一种紧急避难

尽管有强有力的证据支持存在死亡必然性，追诉方反驳道冉阿让案意味着饥饿并非一种合法的紧急避难。我们对此感到遗憾。在冉阿让案中，一个人因为饥饿偷了一片面包，并据此声称他的行为是基于紧急避难的，然而最后被判有罪。有非常多的理由可以把冉阿让案同本案区分开来。首先，冉阿让可能并不是一直在挨饿，我们不知道他的饥饿程度如何；因此我们不知道他所认为的紧急避难的极限何在。其次，即使冉阿让在挨饿，他并没有同样的专家意见来支持他的紧急避难确信。而探险者们对这些关键事实拥有更为有力的证据。再次，除了犯罪，冉阿让还有其他很多选择。我们告诉他可以去找一份工作，这不会构成对他绝望处境的侮辱。同时，乞讨并不违反纽卡斯国的法律，许多教堂和世俗慈善机构都在施舍穷人。也许他会认为那些都会让他觉得屈辱，但是那些施舍是他能够获得的。洞里的探险者们可没有具有类似吸引力的选择。所以我们认为，冉阿让案否定了一个拥有充分选择机会的人的紧急避难抗辩，拒绝了他的紧急避难主张；但是那并没有否定紧急避难抗辩本身的存在，抑或没有否定饥饿可以作为一种紧急避难。

三、当时情形下杀人是生存唯一的选择

追诉方进一步指出，探险者拥有的有吸引力的选择或许比冉阿让少，但是他们并不是只有一个选择。只要任何一个人都不想

自愿去死，那他们还可以吃掉比如说自己的手指和脚趾。他们也可以等待第一个人饿死。这显然是一个痛苦的过程，但可以避免杀人。除非有一个人从一开始就比其他人虚弱，否则在第一个人死亡之时，剩下的人都会非常虚弱。但是，即使他们无法去从第一个自然死亡者的身上"挖出"或获取食物，这也不是一个理由。他们有义务在杀人之前尝试任何可以避免杀人的方法，尤其是，如果他们声称自己是出于紧急避难而杀人的话。

这种论证是强有力的，但是仍可以得到回答。如果探险者们合理地相信，他们会在任何时候获救，那他们就可以从吃"点心"开始，直到"点心"吃完后再举行"盛筵"。但是他们从专家意见中知道至少还需要十天才能被救出去。很难合理地让人相信，已经在忍受饥饿煎熬的人可以靠相当于甜品小盘里装的秋葵那么多的营养再活十天。由于他们知道专家的意见，所以必须吃掉更有分量的部分，比如手臂或者腿。但是又有人会问，为什么不呢？那不是比死亡好一点儿吗？我们现在想象一下，处于超乎我们想象的困境中的那些人会怎样做出选择。是死掉好呢，还是在不打麻醉药的情况下吃掉手臂或者腿，忍受一周或者更长时间的折磨好呢？同样的问题存在于选择死掉还是因饥饿折磨致死当中。在这种情况下，只能考虑如何做才会对那些不得不选择受苦方式的人们更有利。

反对意见还提出了比例问题。比如，我们说自我防卫杀人是建立在紧急避难基础上的，所以是正当的。但是杀人行为必须与伤害者口称的或防卫者合理预期的伤害成比例。所以一个人不能杀掉向他脸上踢沙子的地痞，或者一个即将获胜的跳棋对手。但是，当是否受到死亡威胁并非一目了然时，我们要做对自我防卫者有利的解释，因此在探险者们面临的情境中，我们也要做对他们有利的考虑。因此，比如人们可以杀掉用拳头攻击自己的疯子，可以杀掉一个三更半夜爬到卧室窗户上的陌生人，而甚至不必等到威胁变得更为具体时再动手。一个处境危险的人所合理相信的，比一个检察官用事后诸葛之见所认为合理的要多得多。我们的标准是，问被告人是否对紧急避难有一种合理的确信。这要求我们用他自己的立场，就像身临其境，身处同样超乎想象的情境之中。

当然，我们承认紧急避难抗辩的比例要求。但是我们拒绝认为它要求探险者去迁循追诉意见，用没有什么实际效果的东西来充饥，或者在杀人确乎必要之前忍受痛苦煎熬。即使是自我防卫案件中的比例要求也会在存疑时对那些处于险境当中的人做有利的考虑，而拒绝用冷静的、营养充足的、受到很好保护的和可以慢条斯理来思考的人的标准去判断合理性。那些人享受着文明的安宁，并且总用事后的智慧之见来判断事件当时发生的情况。

四、身处危境不是被困者之过错

还有，追诉方声称，那些由于自己的选择或者疏忽造成危险的人不能运用紧急避难抗辩，否则我们就不得不宽恕这样一个食人肉的野蛮人：他故意把自己和一个倒霉的俘虏锁在一个为世人所不知的地下室里，等到他们饥肠辘辘的时候，就把他的同伴杀了吃掉。探险者们明白探险是一项非常危险的运动，他们带了一架无线电设备，并告诉他们协会的秘书他们计划在何时何地从洞里出来，从而能使救援行动在他们受困之后立即展开。他们清醒地假定了探险会遭遇危险。事实上，面对危险就是这项运动所带来的刺激的一部分。当他们冒险失败后，他们能够用自己的不幸来逃避罪责吗？

我要回答的是，他们并没有选择要被山崩埋在地下，他们也不是由于自己的疏忽而被埋到里面的。他们的确是自由地选择从事一项危险的运动，但这并不意味着最终境况的紧急避难可以追溯到他们的选择或者疏忽。如果不这么想的话，我们也同样会拒绝另外一些人的紧急避难抗辩：他们为了逃出一座起火的房子，损坏了私人的财产，比如说房东的窗户。而我们之所以要拒绝，就是因为他们明明知道住在木制建筑物里的"风险"。这种论点的荒谬性表明，我们可以主动承担风险，但在我们所冒的风险真正降临时，我们也并不因此丧失紧急避难抗辩。

但是这些人的风险远远脱离生活和出行的日常风险，我们难道不应该否决他们的紧急避难抗辩吗？如果探险者们在有预见的情形下走进一个随时面临山崩的山洞，或者说，从山崩中逃生的战栗是他们作为运动员的一项乐趣，那追诉方的这一论点可以变得更有力一些。但是没有任何证据支持这种揣测。

五、食物匮乏非疏忽大意造成

追诉方可以转变反驳的方向：这些人本来可以带着额外的给养。那并不是说他们对于被山崩所埋有什么疏忽大意，但是的确意味着他们对陷入不得不杀死并吃掉一个人这种困境确实存在过失。他们是疏忽大意的，不是因为他们从事一项危险的运动，而是因为从事这项运动时没有带够给养。

这种观点一眼看上去是颇有吸引力的，但是其脆弱性也迅速地显露出来。这些人如果带了这么多给养又如何？山崩的程度或者救援的困难仍然可能挫败他们的意图。不管他们如何小心，即不管他们如何没有疏忽大意，我们依然可以想象，杀死一个同伴来吃的紧急避难仍可能出现。

这些人是不是携带了合理数量的额外食物，去面对他们可以自由预见的危险呢？我认为他们的确这样做了。他们带的食物让六个人在山崩之后存活了二十三天，而且还要加上山崩之前的不知道有多长的时间。我们不知道他们计划依靠那些食物生存多少天，但是他们依靠那些食物比计划的时间多生存了二十三天。背着食物去野外的人们都会知道，能够支撑二十三天的食物的重量已经接近可以承受的上限。在他们的最初计划不为人们所知的情况下，我们必须认为，他们的给养足够让他们免于疏忽大意的指控。

这里我必须停顿下来考察一下伯纳姆法官的意见中一个诱人上当的倾向。假设探险者们仅仅为了防备一场山崩而携带了超出计划需求的六个月的给养，伯纳姆会据此争辩说，他们"预见"了山崩的"危险"。他正是根据探险者们的其他预防措施来指责他们的。他指出，探险者们携带了一部无线电设备，并且向协会秘书做了安排，以便在未按确定日期返回时组织营救。这些事实都意味着他们预先假定可能遇到山崩。

可是伯纳姆不能两边便宜都占。如果探险者们并未带一部无线电，或者没有安排协会秘书营救他们，他将会第一个指责他们疏忽大意，并且也会首先以之为理由否决探险者们的紧急避难抗辩。但是如果说那些有所防范的人是接受了风险，而那些没有防范的人是疏忽大意，那么就没有人有资格运用紧急避难抗辩了。简言之，这就是伯纳姆的意见，即任何人都没有资格运用紧急避难抗辩。法律条文的一般含义排除了紧急避难抗辩，我们那些考虑问题很简单的立法者从未想过这点；因此紧急避难抗辩是不存在的。这一激进立场支撑了他的恫吓，即，法治岌岌可危。但是，他的观点更大程度上仅仅是方便可用的，而不是有说服力的，因为他很清楚，在他所引用的斯特莫尔案中，我们联邦的判例法承认了紧急避难抗辩。此外，在我们的关于谋杀的法律条文被通过之时，各个法律领域当中支持紧急避难抗辩的案例也经常出现，这是一个伯纳姆很在意的判断标准。

六、受害人的同意无关紧要

即使探险者们的确是基于一种真确的紧急避难而杀人，仍然会有反对意见认为，选择威特莫尔的方法不够公正。威特莫尔同意掷骰子，但是接着又撤回了同意。他默认了掷骰子的公正性，但并没有默认选择一个人杀掉的公正性。所以反对意见最后认为，威特莫尔就像大街上被谋杀的受害者一样，是被强迫的。

至少伯纳姆法官是这样认为的。但是如果一种随机的抽签是选择受害者的公平方法（假设必须选择一个受害者），那么受害者的同意是无关紧要的。这一事实吹散了模糊我同事视域的巨大疑云。他们担心探险者对于契约的同意是否赋予了该契约以法律效力，担心威特莫尔在掷骰子之前撤回同意可能会使得那一契约归于无效。他们不能肯定，威特莫尔同意别人替他掷骰子的公正性能否重新赋予这一契约以效力，并同意如果输了就被杀掉。

所有这些讨论其实都是不切题的，因为在法律上，被害人的同意在纽卡斯国并不能作为一项谋杀罪的抗辩。在关于谋杀的法律条文中，杀人者的心理状态是决定性的，被害人的心理状态则是无关紧要的。因此，即使所有成员都同意并且该同意一直得到坚持，这一契约也绝不能使得谋杀成为正当行为。撤回同意与最初的同意一样都是无关宏旨的。被告人是否由于紧急避难而采取行动，以及他在特定情境中的确信是否合理，才是真正的问题。这些问题在庭审中陪审团做了考虑，并且我们有必要对陪审团的看法给予尊重。作为一个上诉法院，我们审查的是法律问题，而无足够的能力重新开启对事实的调查。但是，我们必须让陪审团的判决符合刑事案件中的证明标准。被告人必须得到排除合理怀疑的证明才能被定罪，否则就要被宣告无罪。在本案中，紧急避难抗辩的基础是非常牢靠的。因此我们必须在这点上推翻陪审团的意见。即使紧急避难抗辩的理由不够强大，我们也必须断言，反对它的理由也不够充分，因为它必须排除合理怀疑地支持有罪判决。

这一结论很轻易就解答了伯纳姆法官那一机巧而又狡猾的例子。在那个例子中，那个富有的谋杀者有杀人的意图却没有恶意。

伯纳姆说，上述假想的杀人行为和当下实际的杀人行为之间在法律上没有重大的不同。但这显然是错误的，因为精神病患者毫无疑问不是由于紧急避难而杀人的，但探险者们则千真万确是基于紧急避难而杀人的。

简言之，被告人是由于紧急避难而行动的，他对自身行为的紧急避难确信是合情合理的。紧急避难使得关于谋杀的法律条文的"故意"一词所表达出来的犯罪意图要求归于无效。因此，这名被告人并非故意杀人。也因此，他并没有触犯据以给他定罪的法律。故而，有罪判决一定要撤销。

惩罚被告有悖法律的目的

这里我们不妨假设前面所有这些论证都是错误的。假定紧急避难抗辩在纽卡斯国根本没有得到承认，尽管存在斯特莫尔案和古代对自我防卫的认可。或者假定解释"故意"的判例法突然可以重新查到了，并且要求判决探险者的行为确实是出于故意。

我们从费勒案中知道，一部法律条文的字面含义可以根据立法目的被推翻，至少当后者清晰可辨的时候是如此。在费勒案中，法律条文文本的印刷错误并没有阻止该法院不管其荒谬的字面含义，根据其所欲指的含义来理解法律。

正如伯纳姆法官所指出的，关于谋杀的法律条文的目的并没有像费勒案中印刷错误的法律条文那样清晰明了。根据帕里案，关于谋杀的法律条文的目的是阻止未来的谋杀犯罪。根据梅克欧沃尔案,关于谋杀的法律条文的目的,是为对那些没有学会控制自己行为的公民实施强制性改造提供正当依据。根据斯坎普案,关于谋杀的法律条文的目的在于为人类天然的报复要求提供一种有秩序的发泄途径。

伯纳姆法官根据这些理论的多样性推论道,我们绝不能探寻关于谋杀的法律条文的立法目的。但是他应该反过来看一看这些意图的内容。因为我们支持哪一种并不重要;任何一种意图都没有为惩罚本案被告人提供正当理由。惩罚他并不会阻止将来也不幸陷入相同困境的人不去做相同的事情。只要承认他们的行为是出于紧急避难,我们就会承认此点。惩罚他不会,并且(如果我们诚实地从紧急避难抗辩中吸取教训)也不应该对任何处于相似的境况当中的人产生威慑。出于同样的理由,无须对被告人采取改造措施,因为他并没有表露出某种邪恶人格,需要为了公共和他自己的安全对其进行纠正。相反,在一种大多数人可能会因为意志薄弱而崩溃的情境里,他和他的同伴们的行为有一种颇值得鉴戒的节制和合理性。甚至伯纳姆也承认,如果拥有同样的勇气,并且处于相同的境地,大多数善良的人都会这样做。最后,尽管在大多数杀人案件中都有一种天然的报复需求,但是众所周知本案并没有这样一种需求。承认这一事实并不是要让民意代替法律。而是要表明,虽然刑法的一个初始意图在于满足人类根深蒂固的和源于本能的复仇需求,或者阻止人们在这种需求没有被满足时自己动手,但是这一意图并不适用于本案。

简言之,不管我们如何理解这部法律条文的目的,这一目的并不能通过惩罚被告来实现。因此，即使根据那一法律他是有罪的（其实没有），该法也应该被搁置起来，因为在这里适用它并不会实现它的任何目标。惩罚这名被告人将是取抽象的形式而舍实质的正义。

刑罚适用的问题

这些理由已经非常充分，足以宣告被告无罪，并且这些理由是相互独立的，如果其中一个被否决，别的理由仍然可以成立。为了增加辩护的分量，寻求提供额外的而且较弱的论点，会把我们的注意力从这些理由的力量和充分性上转移到别处。

所以我不会诉诸福斯特法官的主张，即，因为探险者们生存在一种自然状态之中，纽卡斯国的法律并不适用于他们。福斯特提出了两项直接有关自然状态的主张，其中包含了真理的成分，然而我的同事们未加认真考虑就予以拒绝。

正如福斯特的提醒，法律存在的理由停止存在时，法律也随之停止存在。这是制定成文法的原则，同样也是司法的原则。它并不是像唐丁所认为的，或者也不像福斯特令人遗憾地暗示的，是对自然法的神秘莫测的或者迷信的追求。但是，我要说的是，福斯特的自然状态观如果得到恰当表达的话，可以简化为我已经说过的那一观点，即惩罚探险者并不服务于关于谋杀的法律条文的任何一个目的。

同样，福斯特辩称，探险者们一旦被困，就生存于一种自然状态当中，因此超越于我们的法律权威之外，即便所困之地处于我们的领土范围之内也是如此。用这种方法表述具有真理要点的观点真是非常不幸。之所以不幸，是因为它认为法院的管辖权就像从法庭逸出去的气体，遵循物理法则，在巨大岩石的阻挡面前停止下来，而不是由于我们人类的契约和同意而停止下来。福斯特复述了那一为人们所熟知的事实，即纽卡斯国是由大螺旋之后第一期大毁灭中的幸存者订立契约所组建的，他这样说时其实已经提到了自己主张中的真理要点。正如洛克在千禧年之前所说的，当一个人威胁到他人的生命的时候，一种局部和暂时的战争状态可能会在法律状态中出现；而当那一社会契约的目的被局部悬置起来的时候，暂时性的自然状态也可能会在法律状态中出现。

福斯特的论点并未否认，在山崩之前、之中以及之后，都存在一种法律状态。正确的理解是，它并没有宣称岩石的厚度或者营救工作的艰难把探险者们置于法律之外。相反，它提醒我们的是，我们的法律建立在为了特定目的而加入的契约的基础之上。当这些目的因为悲剧性的意外情况而不可能实现之时，服从契约的义务也不存在了；正如假如你的房子被烧毁了，那么我粉刷你的房子的合同承诺也就终止了。我们在斯特莫尔案中承认了此点，在那一案件中，由于一场没有预见到的政治示威，被告人无法将他的汽车从停放处开出来。根据社会契约而承担的相互义务由于超出他控制之外的事件而被悬置了，这导致了他在停车处不能停留超过两小时的义务被免除了。

简言之，福斯特观点中的真理要点可以归结为紧急避难抗辩。

他的表述招致了唐丁法官的误解和嘲笑。但是我的同事必须承认，如果拒绝接受福斯特的意见，声称我们负有超越我们的情境和契约的义务，那么他们就会削弱我们在斯特莫尔案中所承认的紧急避难抗辩，会削弱古代对自我防卫的确认，并降低政府在契约中的正当性。

最后，让我们假定以上的所有讨论都是错误的。被告人犯了被指控的罪行。但是，在纽卡斯国的法律中仍然存在饶恕其性命的很好理由。如果被告被指控的罪名成立，那么这是由于他那一行为中的紧急避难被认为无关紧要。但是，任何拒绝减轻情节的法律条文都明显是对被告人基本公平权利的侵害，或者是对我们从前所谓的法律的正当程序的违反。法律条文规定了强制死刑的时候尤其如此，本案就是这样。由于代价如此之高，我们就必须公正地考虑辩方所可能提供的任何可斟酌减轻刑罚的情节。类似地，如果法律只允许一种惩罚，法官们便不能灵活地采用与罪行相适应的刑罚。毫无疑问，立法机关就是想否定法官的这种灵活性。然而，同样确定无疑的是，立法机关不像司法机关一样可以远离政治过程，它会被激情和政治诱惑所牵制，越出宪法和基本公正原则的界限。

即使我们先前的观点是无效的，我们也必须让关于谋杀的法律条文之中的一部分规定归于无效，即规定死刑是所有谋杀犯的唯一刑罚，而不考虑他们之间在心理状态和行为情状上的根本差异。即使该被告人是有罪的，他也罪不至死。在使法律条文的这一部分归于无效之后，我们还需要将本案发回初审法院予以裁判。

我赞成撤销这一判决。

一命换多命

塔利法官陈词

我们珍视生命，而且总倾向于更多的人而不是更少的人在悲剧性事故中存活下来。

法律允许预防性杀人

我们都承认，在纽卡斯国自我防卫杀人不是谋杀，它完全是正义的。跟我的大多数同事一样，我也不认为这是一件自我防卫的案子，然而与他们不同的是，我通过深思如果故意杀人者属于自我防卫就赦免他们这一古老的规则，得到了处理本案的启示。这种深层思考进一步支持了斯普林汉姆法官经过详细讨论得出的结论，即，由于探险者们的杀人行为出于紧急避难，因此它不是谋杀。我之所以要撰写独立的意见，主要是因为我认为他误解了紧急避难抗辩的本质。

我们赦免那些自我防卫杀人者意味着，杀人行为本身并不是我们通过关于谋杀的法律条文力图惩罚的恶行。而且，因为自我防卫杀人也有可能是有目的的，所以甚至连有意识地杀人本身也不是我们力图惩罚的恶行。

当一名被告声称他出于自我防卫杀人时，我们要审查其主张，以查明其是否有机会以尽可能少的暴力来保护自己的生命。在某些情形下，我们要询问，他当时是否可以退避或者逃走，从而避免冲突。但是如果我们发现退避是不可能、不安全或者不起作用的，唯有通过致命的暴力才能保护自己，而且被告在引发致命性自我防卫的纷争中不是故意的，那么我们就赦免他。发现了这些要素之后，我们并不询问被告是不是由于自身的疏忽，或者某种多数公民都退避三舍的愚蠢的风险而身陷困境。假如我们知道，但他不知道并且没有理由知道他在几分钟内可以得到警察的救援，我们也不能期待他等候警察的救援。我们不问其是否可以通过讨价还价或者拖延时间得到受害者的同意，或者也不谴责他未经受害人同意就实施杀人行为。

接受了自我防卫，我们就接受了杀 A 以阻止杀 B，这或可称为预防性杀人。现在此处有一难题：为什么我们会容许预防性杀人？

在自我防卫案件中容许预防性杀人的一个理由就是，我们认为在那些不幸的场合某人不得不死，而侵犯他人者的死亡比受侵犯的无辜受害人的死亡要好一些。这就是为什么本案并不是一个自我防卫案件的原因所在。威特莫尔并没有侵犯他人，其生命价值不低于他的伙伴。他和他的探险伙伴一样清白无辜，并且，有意杀害无辜者的行为不能以自我防卫来证明其正当性。这些人确实是被迫采取了激烈的手段以求得生存，但这不是威特莫尔的过错。基于同样的理由，我们不会接受这样一个人的自我防卫辩解：他被判犯有谋杀罪，由于即将被执行死刑，便设法杀害了看守人员和死刑执行人员。在这种情形下，让他去死比让那些受害的人去死要更合理一些。

一命换多命是一项划算的"交易"

认为接受预防性杀人的另一个理由在于我们珍视生命。具体而言，我们珍视生命，而且总倾向于更多的人而不是更少的人在悲剧性事故中存活下来。我的同事们显然都羞于出口，我推测他们都相信为了挽救五个人杀一个人是一项划算的"交易"。必须以杀人为必要手段是很恐怖的。但非常明显的是，一个将死的人使得五个人存活下来，好过六个人都可能死去。只有最极端的宗教狂热分子才会不同意这样的观点。

我猜想我的某些同事在原则上同意此处的论断，但我发现他们在直觉上回避把它运用到本案当中。让我们假定杀一个人是为了避免一百万人的死亡，情况会有一个非常显著的改变，至少对大多数人的直觉来说是如此。面对这些数目，我们将毫不迟疑地让志愿者们为了救一百万人而牺牲自己。但是进一步，让我们假定没有人愿意做志愿者，因而不得不诉诸一场公平的抽签。如果能接受在一百万比一这样的比例下，让人们别无选择的时候正当地杀掉一个非志愿者，那么为什么不接受五比一的比例呢？其中的原则是一样的。我们真的要对这一比例吹毛求疵吗？如果五比一是一个太低的比例，一项太不划算的交易，那什么样的比例才是足够的呢？这种诡辩降低了法院的格调，在实践中是不可行的，在裁判本案时也是无益的。更大利益的原则意味着，确切的比例是无关宏旨的，它所要确保的是，与失去的人相比，有更多的人能够有所获。

根据这一观点，纽卡斯国为了阻止谋杀犯再次杀人而对他们判处死刑是正当的。那就是说，当从技术意义上看杀人是一项划算的交易时，纽卡斯国杀掉谋杀犯是正当的。与此类似，只要认为杀掉大量敌军士兵可以保护更多人民免于死亡是正当的，那么纽卡斯国进行战争击退入侵者就是正义的。我不知道纽卡斯国是否真的以此原则为名义去处决杀人犯和进行战争，并且我同意伯纳姆法官的看法，过多思考法律的真正目的是不明智的。我这样做只是为了说明，这一原则远远不是冷漠无情和格格不入的，它能说明某些我们最为熟悉和庄严的道德准则是正当的。

十个工人在救援过程中因为令人遗憾的事故而牺牲了。那时没有人想到过，现在也没有人认为，以十个工人的生命代价挽回六个探险者的生命会是一场划算的"交易"。这些工人并不是作为更高利益的代价而被有意牺牲掉的。

简言之，自我防卫的先例，以及我们最熟悉的死刑制度和战争都表明，纽卡斯国允许预防性杀人。因此，我坚持本案被告不应当负谋杀罪名。根据就在于，他和同伴有目的地杀人完全是预防性的。如果不如此的话，六个人早已全部死亡。这等于是说杀人是必需的，或者说它是一项交易，或者说一个理性的人在这种情形下都将会做出跟这些探险者一样的行为。这很容易将其与死亡工人的情形区分开来，后者由于缺乏紧急避难而不是一场交易。至少没有证据表明，如果十个工人不死，那么十六个人（工人加探险者）都会死。因此，如果工人们被有目的地杀害，那我们就要搜寻故意杀人者并对之进行控诉。

选择杀人好过等待自然死亡

伯纳姆法官提出了一个斯普林汉姆法官没有充分回答的论点。即使假定探险者不吃同伴就会死，食人肉的残忍行为对他们而言是生存所必需的——但是杀人却不是必需的。他们本来还可以吃掉他们之中第一个自然死亡的人。如果等待某人第一个死亡可能会避免其他人的死亡，为什么不那样做，而宁愿选择杀人？杀人真的是必需的吗？

让我直截了当地回答这一异议。不，他们不需要而且也不应该等到他们中的第一个人自然死亡。探险者们要么基本上同样健康、结实和精力充沛，要么不是。如果他们是那样的话，那么到第一个人死于饥饿之时，其他人也会到达死亡的边缘，从而也就不能利用这给他们带来好运的死亡了。如果他们基本上并不拥有同等精力，那么等待第一个自然死亡就等于是，他们把目标锁定在了成员中最虚弱的、最多病的、皮外伤最严重的或者山体滑坡中受伤最重的人身上。与公平的抽签相比，这并非什么更优方案。

请想象一下在对抽签数学问题进行的长时间讨论中提出的问题吧。实际上，抽签中的数学问题都是有关公平的问题。他们的讨论围绕的肯定是在没有人自愿献身的情况下，如何公平地找出一个可以杀死并食用的人。

他们中的每一个人难道不会对杀死并食用同伴感到害怕吗？因此，在确定那种办法之前，他们难道不会寻找所有的替代方式吗？也因此，他们难道不会考虑等待第一个人自然死亡吗？为什么他们会放弃这种可能性？我能听到他们中最虚弱的人发出的恳求："这只是你们选择我的方式！你们知道我会最先死！这是不公平的！如果说我们每个人都有相同的生存和进食的权利，那我们每个人都必须承担被选中喂食他人的同等风险。"对于具有公平感的人来说，这一推理是无可置疑的。事实上，我们必须称赞这些探险者，因为他们承认了此点。

我甚至可以想象，威特莫尔之所以最先提出抽签，正是由于他发现自己是群体中最虚弱者，如果他们不采用抽签的方法在他们之间公平地分散风险的话，他自己是最可能首先死亡的。然而，这样的猜想没有任何证据支持，并且对审判来说没有什么意义。

我的同事们，譬如伯纳姆法官，相信等待第一个人自然死亡比积极的杀人行为更为可取。他们的分析到此就戛然而止。他们认为这种行为方式会使得杀人成为不必要，这是没错的，但他们错在认为它优于抽签。等待第一个人自然死亡将会使目标锁定于群体中最为虚弱的成员，而不付出任何的努力来在他们之间平均分配牺牲的风险。那比本案更像是凶残的"街头谋杀"，本案中的探险者们尽管绝望但仍显示出克制与冷静。最为重要的是，那会回归到不存在法律时的强者支配弱者的规则，我们的先辈们在订立建立我们联邦的第二个契约之时已经在这片领土上废止了这种规则。

斯普林汉姆法官已经做了余下的讨论。选择牺牲者的方法是公平的。因为它是随机的，而不是因为它经过各方同意。由于威特莫尔是通过公平的抽签被选中的，所以他被选中是公平的。

平等地承担死亡是公平的

既然我们已经表明，公平的抽签使得把同意作为选择牺牲者的方式是不必要的，那么我们可以来看一看那些以威特莫尔没有同意为由而宣告探险者有罪的人们的其他担忧。

我已经指出，即使自我防卫者没有得到侵犯者同意，自我防卫杀人也是无罪的。更进一步，我们不需要认为侵犯者因为自己做出侵害行为而承担了死亡的风险，以间接的方式同意了自己的死亡。即使我们无论如何都推断不出侵犯者已经同意，自我防卫杀人也是正当的。自我防卫案件中杀人的正当化事由是自我防卫本身，而不是同意。况且，正如斯普林汉姆法官正确地指出的一样，同意无论如何也不能成为谋杀的抗辩。

但我的一些同事仍然希望重视威特莫尔撤回同意加入抽签这一事实。如果我们同意斯普林汉姆的看法，假如被告人的行为是犯罪的话，威特莫尔同意加入抽签的决定并不会使犯罪有所减轻，那么，我们也必须接受相反的命题，即如果被告的行为确系犯罪，威特莫尔撤回同意并不会加重他的罪行。

有一种观点认为威特莫尔有无同意对本案确有影响，现在我们把刚才那一问题暂且放在一边，来看看这种观点。这种观点认为，如果威特莫尔无论基于什么理由不愿意加入抽签，他都不应当被算到里边。他应被允许在某个角落袖手旁观，这使他同时摆脱了被杀掉的风险和杀别人的义务，条件就是他不能分享被选中的受害者的血肉。如果那是他所愿，为什么不排除他继续进行抽签，任由他冒饿死的危险呢？

可以直截了当地回答这一问题。如果威特莫尔退出抽签，且假设他撤回同意得到尊重，那么剩下的每个人都会注意到或者应该注意到，自己被选中遇害的可能性从六分之一上升到了五分之一。这种结论唯一可能的趋势就是增加另一个成员退出契约的可能。如果第二个探险者撤回了，那么在抽签中失败的可能性会再次增长到四分之一，从而使得进一步的放弃更为可能。到最后，抽签的计划就会被抛弃，除了等到饿死或救援就别无他计了。

这表明了什么呢？这表明威特莫尔撤回同意不是他退出抽签的正当理由。他的退出将会增加他人退出的压力，并因此增加破坏整个抽签计划的可能性。但那样所增加的，是将目标锁定在成员中最弱的人身上的机会，而不是增加平均分配风险的可能性。简单说，如果公正要求平均分配风险，就需要他们对威特莫尔撤回同意置之不理。或者换言之，即使在威特莫尔撤回同意之后，探险者们把他纳入抽签也是正当的，因为选择抽签而不是等待最弱的伙伴死亡是正当的。

紧急避难同样适用

我的同事们喜欢重复那一明显而无须争论的事实，即，在洞穴中的六个人全部都是无辜的，换个说法，即他们享有平等的生存权利。他们这样说是为了将本案中的杀人与自我防卫杀人区别开来。但是，即使这不是一个自我防卫的案子，为了弄明白本案的问题，深入地思考自我防卫也是有益的。在真实的自我防卫中，存在一个侵犯者和一个奋力保全生命的无辜者。侵犯者的侵犯意味着有一人必须死。我们取舍的政策根据在于，侵犯者的死或较为有益，或是两害之中的轻者。简单来说，两者并不享有同等的生存权利。我们在理论上坚持认为，在法律看来所有生命都是平等的，所以决定谁有更大的生存权是困难的。如果我们把目光转移到本案的事实，就会看到，本案中所有探险者拥有平等的价值和权利，自我防卫案件中那种理论上的困难不会产生。假如这些探险者中的两个人陷入为生存而斗争的境地，谁也不能被称为侵犯者，那我们就没有理由偏向于其中一个。但我们面临的不是那种困难的情形。相反，我们面对着容易得多的情形，在其中，为了挽救五个人的生命，有一条无辜的生命被牺牲掉了。"五"这个数目没什么特别之处，它可以是任何大于一的数目。因为每一个生命都是平等的，所以判断公共政策的偏好所向并不困难。法律没有理由偏向一个无辜的人而放弃另一个同样无辜的人，但如情形所需，却有非常充分的理由选择五个无辜的人而牺牲掉一个人。这并不难理解，我们所需要的仅仅是计算能力。

我已经论证了被告人的杀人行为是必要的，在这种程度上我赞成斯普林汉姆法官的分析，然而我不能接受斯普林汉姆法官对于紧急避难原则的论述。他主张紧急避难否决了犯罪意图。但这就使得本来应该是一种正当化事由的紧急避难成为一种免责事由。免责事由说明，即使被告人的行为是有害的并且正是为立法所禁止的某种行为，被告人也是无可指责的，或者是没有犯罪意图的，从而要免除其罪责。而正当化事由说明的却是，即使被告人自由和有意识地决定实施行为，被告的行为也要么为善，要么是较小的恶，从而应免除其罪责。

如果否认犯罪意图之存在正是紧急避难抗辩的功能，那么当探险者们对实施杀人的应急手段之紧急避难有善意确信时，他们就会成功获得辩护，也就无须证明在当时的情形下他们的确信是合理的，因为善意的确信已经足以表明某人缺少犯罪意图或故意。显而易见，这些人都有这样的善意确信。但按照伯纳姆和斯普林汉姆所说，仅仅真诚确信所为是紧急避难并不足以赦免某个人的谋杀罪名，否则我们就会任由一个其善意确信超越了合理限度的狂想者摆布。这意味着，紧急避难不是一种否认犯罪意图之存在的免责事由。

紧急避难是一种正当化事由，而非免责事由。如果我们讨论的是一个正当化事由，我们会问该行为是否是一个较小的恶。杀人是探险者面对的较小的恶吗？设问是为了回答。我们知道，这种杀人正是较小的恶，正如我们同样明白，一个人的死好过六个人的死。

将紧急避难看作正当化事由，而不是免责事由，就是要承认探险者有过，或可以曾经有过谋杀罪的犯罪意图。这就立刻让我们不用再陷于此前有过的无谓纠缠。我们至少在论证的意义上可以承认，探险者们的杀人是故意的。而杀人行为之所以是正当的，不是因为它缺乏故意，而是因为，即使他们的那种选择是有目的、深思熟虑的或者故意的，公共政策也支持人们选择较小的恶而不是较大的恶。紧急避难抗辩是一种一般性的抗辩，不需要一项具体的刑法规定它具有效力和影响。因此，尽管关于谋杀的法律规定有无故意是判定是否有罪的标准，但合理的紧急避难抗辩可以让那些即使具有故意的被告被判无罪。

本案紧急避难比行政赦免更适用

特鲁派尼和伯纳姆法官认为，行政赦免是缓和法律严苛性的优良之选。那确实是一种方法，但紧急避难抗辩是另一种更为优越的方法。它优越于行政赦免有三个理由：第一，紧急避难抗辩在法官和陪审团可控的范围之内，而不是行政部门才能使用。所以，如果我们发现它是成立的，我们就可以适用，无须通过常规的或非常规的途径烦琐地乞求政府中的另一机构来运用它。第二，紧急避难抗辩不仅是仁慈的，而且是公正的。很多公民认为即使探险者违反了字面上的法律，也不应当受到惩罚，这些公民要的并不是宽恕，他们要的是正义。第三，紧急避难抗辩是法律，人民和当事人都有理由期待我们遵守它；被告人有可能根据它被宣告无罪；它具有公开的、可供裁判的标准；它在公开的法庭上被争论，并根据是非曲直来做出裁断。行政赦免却不是这些；它可以随意地赋予或任意地撤回；它的标准受行政部门的支配；它是一种宽容，是超越于应得的惩罚之外的礼物；它不是那种条件成立就该如此的情况。如果行政部门赦免被告或减轻刑罚，它的功能仅限于把一个现行的被告从可以预见的不公正中救出来；但我们不能首先消除判决其有罪的法律规则的不公正。因为他的行为是必要的，或因为他的行为有正当法律理由，从而赦免他，才是真正清楚地、负责任地缓解了法律的严苛性；因为法律过于严厉而宽恕他，这无异于廉价的怜悯。

基于上述理由，我赞成撤销初审法院的判决，宣告被告人无罪。

动机与选择

海伦法官陈词

被困的探险者面临着死亡的威胁：要么饿死，要么被处死。但是如果这就是仅有的选择的话，那么探险者们为了避免饿死去杀掉一个人，然后碰运气用一种新的辩解去寻求免受死刑，就是合情合理的，甚或也是必需的。

妇女强奸案的警示

当一个强奸犯把刀架在一个妇女的脖子上说"顺从还是死亡"时，他给了她一个选择。如果她顺从了，她就做了选择。这个强奸犯可以因此宣称得到了她的同意吗？我想任何人都不会这样抽象地考虑同意和选择。我们的法律当然也不会。如果说选择顺从而不是选择死亡隐含了同意，那就不存在强奸了，因为任何受到强迫性行为的妇女都已经同意了。如果我们的法律采取了这种观点，那么妇女就是不可被强奸的——这个词在数世纪之前曾被用来假定妻子或者妓女都理所当然是同意的。

但是根据我们的法律，一个选择顺从而不是选择死亡或者伤害的妇女并没有同意性行为；或者，正如法院经常表述的那样，任何被死亡或者伤害所胁迫的同意，都是无效的。我提醒大家注意这一为人们所熟知的事实，我的同事们似乎把它给忘掉了；至少他们拒绝从这一事实中吸取教益。本案中的紧急避难、选择、意图和故意的问题显示，他们是如何系统地对典型的妇女所遭受的暴力做出回避。

如果一个妇女在只能选择顺从与死亡或者伤害的情况下选择了顺从，那她是被强迫、威胁和压制而顺从的：她面临着"紧急避难"。紧急避难解释了为什么她的顺服并不导致同意；基于相同的原因，它也解释了为什么探险者们的杀人决定并不是故意的。她有可能在恐惧和迷乱中，也可能在头脑清醒冷静的状态中基于紧急避难采取行动；不管是哪种情况，她都没有同意。她并没有因此而丧失控诉资格，因为她可以明确而清醒地求生而不是求死。与之相似，无论是头脑清醒的还是神志迷乱的人，有意图的还是因为冲动而行为的人，都可以运用紧急避难抗辩。

强奸行为表明，人们可以有意识地做某种行为（顺服强奸者），但同时又违背自己的意愿（没有故意）。这在强奸的情形下非常明显；而一旦仔细观察，到处都可以发现这种区别，例如，劫匪命令说，"要钱还是要命"，他也给了受害者一种选择。那些选择交钱而不是死亡的人也并没有因此是在进行赠与。如果他们是在赠与的话，那么亦不会有抢劫罪的存在，因为人们都是不可被抢劫的。

被告杀人是唯一的求生选择

相似地，自我防卫杀人并不总是出于本能或者冲动、显得紧急而轻率，它通常之所以有这些特征，是因为可能的杀人者没有给可能的受害者考虑的时间。但法院也常判决另一些自我防卫者无罪：他们有时间考虑，并且有意地、明确而自愿地杀死侵害者来保全自己的性命。这些杀人行为同样被视为自我防卫。因此，即使是一个杀人行为，也有可能既是有意的，同时又不是故意的。

勒索从另外一个角度证明了这一点。亚里士多德举例，一个暴君威胁一个好人去干一件恶事，如果他不从就杀掉他的父亲。听到这种困境已经足以让我们感受到那个人的痛苦和愤怒。这种痛苦和愤怒，或者强奸案件受害者的痛苦和愤怒从何而来呢？那是因为人们是清醒的，因为人们被迫违背意愿去有意识地做一件事情。

探险者们的境况同样如此，他们在明知的情况下有意识地杀了人，但是那并不意味着他们故意杀了人。相反，显而易见，他们是在没有故意的情况下杀了人。如果还有别的方法可以让他们存活下来，他们就不会那样去做了。在决定为了求生必须杀人时，他们对紧急避难有着清醒的认识，并且讨论了一次公正抽签所涉及的数学问题。没有必要因为他们对这种复杂情形进行了考虑，并有意地实施了行为就去惩罚他们。与认为一个神志清醒的妇女必须是不可被强奸的，或者认为一个头脑清醒的过路人是不可被抢劫的想法相比，惩罚探险者有过之而无不及。清醒的审慎考虑说明了他们有意图，但没有说明他们有故意。让我们承认，求生而非受死的倾向可能是明白可知而非本能的，为了逃避死亡而采取的行动可以是有意识的而不是一时冲动所为。并且，让我们承认，即便是一种清楚的行为意图，也可能是被有限的选择所引导的，可能是受死亡的可能性所强迫的，也可能是与人们的意愿相违背的。否认这一点，就是忘却强奸、抢劫、勒索带给人们的教训。那些罪行的本质特点都是要一个无法自主的受害人做出选择，但这种选择不能因此被认为是故意的。

基于紧急避难的杀人是正当的

认为本案并非一个自我防卫案件的同事们，并没有注意到自我防卫法律的新近发展，这或许是因为妇女在这一发展中居于核心的位置。所谓"受虐待妇女的防卫"是自我防卫理论的最近变体。这种变体摒弃了那项行之久远的要求，即自我防卫者面临的必须是"即刻"的死亡或者严重人身伤害。现在，如果被告人能够说明侵害人有滥用暴力的历史，而这种暴力史说明其在将来极有可能使用暴力威胁他人生命，一种先发制人的杀人行为原则上也可以构成自我防卫。

事实上，这种变体是非常新近才出现的，探险者案 I 的被告人还不能援引它。但是这并不能让我们无视它对于本案被告人，或者事实上也是对于以前的四个被告人的意义。

我的意思并不是说，探险者们的行为是先发制人的自我防卫杀人，或者他们的杀人行为属于受虐妇女的抗辩情形。我要说的是，假如我们可以对受虐的妇女免除即刻性要求，那我们也可以免除探险者们的即刻性要求，我们从而也就不会模棱两可，不知道他们在面临杀人紧急避难之前是否已经等到最后一刻了——好像我们知道哪一刻是最后一刻似的。我还要说，法律的那一创造性和飞跃性发展并不仅仅限于古代，当时在法律条文之外开辟了自我防卫的例外。斯普林汉姆说得对，如果我们认为自我防卫是杀人的正当化事由，那我们也应当接受与之相似的自我保存抗辩。这或许是我们明确接受的东西的一种革新，但它是从后者之中直接演化过来的。一言以蔽之，如果认为受虐的妇女的抗辩是杀人的正当化事由，那么我们距离承认那种一般性抗辩——即使在威胁并不是即刻发生时也保护受到威胁的生命，只有几乎可以忽略不计的一小步之遥了。

这里不妨沿着类似的方向继续发挥我们的想象。请设想，威特莫尔的背包里还有一些备用的食物，但是他拒绝与别人分享。我们可以站在抽象的财产权利立场上，让他保有食物，即使这意味着别人都要忍饥挨饿。或者我们可以认为，正如在所有的法律领域中，人们不能为了保护单纯的财产而剥夺他人性命。根据这种思考方向，法律最好要求威特莫尔与别人分享食物。声称他拥有财产权利的自私主张将置他的同伴于死地，除非该主张被用暴力推翻或被说服而放弃。如果他们杀掉他分享食物，可以想象，一个负责的法院会将那一行为解释为自我防卫。*显然，我们今天

---

* 类似的生命与财产之间的衡量最初由伍恩教授提出，它是探险者案 1 之后组建以决定是否建议使用赦免的特别会议成员。见达玛托在本书中被引作品的第 472 页。

无须裁断那一案。它告诉我们的也不是储藏物品会导致杀人，而是法律在改变，自我防卫规则亦在改变。先前那些探险者们因为生不逢时而没能利用自我防卫模式来为自己辩护。

几名同事争辩说本案不是一个自我防卫的案子，因为威特莫尔并不是一个侵犯者。然而，没有人否认威特莫尔是无辜的。为什么我的同事们要进行一场没有对手的战争？自我防卫是"紧急避难"的一种；尽管受害者的无辜在自我防卫案件中常常是必要条件，在紧急避难案件中却并非永远都有此等要求。如果我们把"自我防卫"的标签换成"紧急避难"，那么威特莫尔的无辜就变得无足轻重了。斯普林汉姆运用了一个很好的例子，一个房客为了逃离火海而损坏了房东的窗户。这种对私人财产的损坏由于紧急避难而是正当的。房东可能是完全无辜的。是火灾，而不是房东，使得房客的行为成为必要。相似地，威特莫尔是无可指责的；是极度的饥饿，而不是威特莫尔的过错使得杀掉一个人成为必要。威特莫尔之所以成为受害者，是因为他运气太坏，掷骰子时输了，而不是因为他自身有什么过错。一旦我们承认有必要杀掉一个人，我们就不能谴责探险者们随机择定一个人杀掉，就像我们不能批评一个房客为了逃离火灾而损坏窗户一样。

最后，长久以来我们联邦的法律是，自我防卫权利允许在某些情形下杀掉一个无辜的人。如果 A 欲置 B 于死地，B 奋力还击，但不巧射杀了旁观者 C，而不是侵害者 A，那么 B 依然有资格以自我防卫为理由而被宣告无罪。当然，我的意思并不是说，探险者们是在还击将他们置于困境中的侵犯者时意外杀死了威特莫尔。

我们要承认威特莫尔是无辜的，但是不能以他的无辜来否定自我防卫或者紧急避难的抗辩。

简言之，被告人是基于紧急避难而杀人的，因此必须被判未犯谋杀罪。而我们是否把他们据以采取行动的紧急避难称为"自我防卫"，这在法律上并不重要。自我防卫是紧急避难的一种，还有很多别的种类，它们没有名称，在道德和政治理论上与自我防卫有着或多或少的联系。近些年来，在回应妇女诉求的法学理论的影响下，有关自我防卫的法律已经发生了扩展和变化。主张被告人的杀人行为由于紧急避难而是正当的，合乎新近的一些发展，或者正当地扩展了它们，并且，不能仅仅因为这种成果在我的大多数"弟兄"们读法学院时还难以想象，就否定它。

防止带有偏见的判决

联邦诉冉阿让案是否否定了探险者们的紧急避难抗辩？如果冉阿让不能用紧急避难作为偷面包行为的正当化事由，那么探险者们如何能够将紧急避难作为杀人行为的正当化事由？我非常赞赏斯普林汉姆法官对这两个案子所做的细致甄别。我认为没有人比他做得更好了。但是，去甄别一项不再是有效法律的判例并没有什么必要性。唐丁法官说得对，如果要在紧急避难基础上判决探险者无罪，则必须要永久性地推翻冉阿让案。所以我们不妨直接而有效地永久推翻冉阿让案。冉阿让案反映了法院的阶级偏见，事实上也是整个刑事司法体制的偏见；对这一体制来说，令人绝望的贫困和长期无家可归是一种抽象的虚构。不错，一些无家可归的人可以乞讨，另一些人可以从慈善机构那里获取食物，但是对一个政府来说，当它的警察经常把乞讨者赶得无影无踪，而它的立法机关又阻止公众对宗教慈善机构的支援，然后又要求绝望的穷人通过那些途径寻求生存，这难道不是荒诞不经，在道德上难辞其咎的吗？此外，它假定私人慈善机构总能促使穷人不去采取冉阿让那样的铤而走险的行为。这是一个经验问题，无法凭借最高法院的过人自信加以断定。有时这种假设是正确的，此时，我们要感谢私人的慷慨相助，而不是这个联邦。但是有时候它是错误的，并且，此时，正义要求联邦关注此事。冉阿让案的判决是错误的。饥饿是最为重要的一种紧急避难，如果它不能在法律之内得到缓解，那么在法律之外寻求解决便没有可受谴责的犯罪意图，这种犯罪意图本身才需要受到惩罚。相反，如同其他真实的紧急避难一样，它包含着一种不容侵犯的求生意愿，而这种意愿是先于法律而存在的。

如何评估紧急避难

　　紧急避难抗辩是我们承认并且回应立法者可能出错的一种方式。通过允许紧急避难抗辩存在，我们承认了遵循法律的字面含义有时会造成伤害或产生不正义。紧急避难抗辩就是为那些为了避免这种伤害或不正义而违反法律的被告人量身定做的。他们冒着一种法律上的风险做了我们会同意为正当的事情；他们应免受惩罚。故此，像伯纳姆和斯普林汉姆法官那样，从各自立场出发，将紧急避难抗辩置于另外一个技术性原则的限制之下，要求它遵循"法律的字面意思"，那是错误的。因为法官也可能出错，如果我们把紧急避难抗辩制定为白纸黑字的法律，那么在不可预知的情形下，遵循那一法律的字面意思也会造成伤害或产生不正义。

恰当的紧急避难判断标准不是从我们的判例中寻得的表述精确的规则或者我们自己力图明确表述的规则，而是要带着勇气和公正去估量被告人试图用非法行为所要避免的不正义。我们应该根据我们共同体的常识和标准去评估这种非正义，因为避免我们这里所要实施的非正义，是共同体的政策。社会治理依赖法律规则体系，而过分拘泥于规则会遮蔽那一事实。根据这一标准，被告人显然是无罪的，即使他的行为出于故意。他试图去避免的恶是他的死亡，根据我们共同体的规范以及我们的判例法，这足以为致人死亡的行为提供正当化事由。

没有目的的惩罚毫无意义

如果我上面的辩护意见有缺陷，而且被告人确实在理论上违反了我们关于谋杀的法律条文，那么我们惩罚他会带来什么好处呢？毫无疑问，对于一个没有邪恶意图的被告人，报应是不恰当的。而且甚至像伯纳姆这样的法律与秩序报应主义者，都不愿意说哪一个探险者有邪恶意图。社会也没有必要去防止这些探险者去侵害公民。假如说他们表现出杀人的意愿，那也只是在没有食物的情况下被困地下数周以后；他们并没有对社会构成威胁。

最后，我还想指出，认为一个有罪判决会阻止其他人做出同样行为的观点是非常荒谬的。如果我们承认这种行为是为紧急避难所迫，或者没有故意，那么阻止类似行为显然是绝不可能的。尽管主张有罪判决的意见的确能阻止未到万不得已地步的人杀人，但即使品德最为高尚的人最后都免不了要吃饭，最终会被饥饿推到紧急避难的极点，到了那一极点，他也会杀人，尽管他也会考虑到要阻止没有万不得已地步的人杀人。如果一个人到达那一极点，威慑是不起作用的，杀人是无可避免的，并且根据法律，杀人行为也是情有可原的。所有这些表达的都是同一个意思。

探险者案 I 中的四名被告人被执行死刑具有争议，引起过人们的广泛讨论。假设那一案件的判决和惩罚为纽卡斯国的探险者们所知，并被视为涉及探险者利益的重大事件。任何一个有可能在这一天进入一个洞穴的纽卡斯国探险者都知道，即使确实到了极度饥饿的时刻，杀掉同伴来吃还是会被认定为谋杀罪。

对于到达饥饿和紧急避难极点的当前和未来的纽卡斯国探险者们来说，先前的那一判决和死刑惩罚会给他们施加影响，阻止他们杀人吗？显然不会。被推到紧急避难极点的意思就是，人们那时将会杀掉其他人以自救。

即使探险者案 I 有些许的威慑作用，或许也只能对威慑的目标有轻微的影响。我们是否可以通过维持陪审团对本案被告的有罪判定扩大那种影响呢？同样，显然不会。我们不过是阐明，或者仅仅是重申了被困的探险者面临着死亡的威胁：要么饿死，要么被处死。但是如果这就是仅有的选择的话，那么探险者们为了避免饿死去杀掉一个人，然后碰运气用一种新的辩解去寻求免受死刑，就是合情合理的，甚或也是必需的。如果说饥饿的紧迫性还不能开脱他们，那本法院的不同意见也会给予他们的那种策略一丝希望。

然而，如果惩罚被告人不会实现报复目标、自我保护目标或者预防目标，那么它就不能实现惩罚的目标。而如果惩罚目标落空时，还去惩罚被告人，那就是一种对遵守规则行事的迷信，而忘却了规则的前提所在。我的同事们描述了这一绝望、杀人和食人肉的案子的恐怖，但是最终还是没有完全理解本案；他们的所作所为就好像是小男孩儿们玩游戏，被关于规则的争议转移了注意力，忘记了他们为什么要玩游戏。

法律不能脱离现实抽象存在

我有两个问题要问那些认为被告人犯有排除合理怀疑的罪行的同事。

一、是否可以准确评估被告的心理状态

我们是否可以排除合理怀疑地知晓一个濒于被饿死的极点的人有实施故意杀人行为的心理能力？本案被告有这样的心理能力吗？他虚弱的身体和极度饥饿带来的眩晕，加上自然的恐惧和焦虑，很轻易就超过了我们在其他案件中要求的可免责的责任能力减弱的最低限度。有人会指出他们花了很长时间去讨论掷骰子的

数学问题，从而反驳我的这一论点。但是这一证据并不是决定性的。即使数学问题的讨论是清晰而充分的，那也没有说明他们有故意，这就好比一个妇女看到刀子，意识到了可能的后果，然后有意地却也违背意愿地顺服了强奸者。但是如果数学问题的讨论不清楚或者不充分，那说明探险者的心理能力受到了无力、饥饿和恐惧的影响。毕竟，一次公正抽签的数学问题相对而言是简单的，尤其是像在本案当中骰子是现成的时候。我们永远也不会有充分的证据去估量洞里的人杀人时的心理状态，但是我们拥有充分的证据去合理地怀疑他们是否有故意。

我们甚至可以从这些考虑中断言，一个有罪判决会产生消极的威慑效果。如果忍饥挨饿的探险者还保有一点儿微弱的智力，那他可以从那一有罪判决中吸取的教训就是，蜷缩在洞内的一个角落，不讨论抽签的数学问题，也不进行抽签，当饥饿变得无法忍受之时，就尖叫着跳起来，在他的一个同伴身上连刺一百一十四下。这会让他获得一种精神病或责任能力受限的抗辩理由，从而消除假定探险者没有精神混乱所造成的疑惑。

二、合理怀疑不支持有罪判决

我的同事们是否过度关注了他们关于罪与非罪的争论，认为这种争论本身对本案有一种决定性的含义呢？

一个法官观点存在分歧的最高法院，能否公正地裁定不存在合理怀疑呢？依规则而言，答案是肯定的。然而在法科学生们所说的"真实生活"中，很显然不能。在真实的生活中，上诉法院在关于某人的罪行是否存在合理怀疑的问题上发生分歧，这本身就表明了确实存在合理怀疑。从法律上看，一个存有分歧的陪审团并没有做出无罪判决，但是它确实通过无效审理阻止了有罪判决的做出。一个存有分歧的最高法院至少应该同样做出有利于被告人的处理。当我们就怀疑是否合理没有达成一致意见时，我们知道，至少有一名法官认为合理怀疑是存在的。如果这点本身不足以确认合理怀疑的存在，那它也至少应该通过与无效审理相似的、可以称为无效上诉的程序来阻止有罪判决的做出。如果不这样的话，我们就只能假设最高法院一名普通法官的怀疑没有一名普通的陪审员的怀疑合情合理。（自然，如果我们的确这样想，那也就不会允许上诉了。）

受过良好教育的人为什么跌入这种陷阱？这种陷阱就是，误将法律看作一套规则体系。根据这种观点，法律是抽象的，而非具体的；是永恒的，而非历史的；是理性的沉淀，而非多元的人类的持续斗争；是一架无生命的逻辑结构，而非生活本身的原始和经过提炼的素材；是一场人为的游戏，而非一种社会现实。根据这种观点，法律就像是一组电脑程序，很遗憾，它要靠行动迟缓的、难免要出错的、有私心和有感情的人类法官去执行，而非由迅捷的、不会出错的、中立和没有情感的机器来执行。然而具有讽刺意味的是，根据这种观点，是否存在合理的怀疑不能依据最高法院法官们详细论证的意见来确定，而只能由陪审员的投票来决定，这种投票很有可能完全是情绪化的。如果不是因为如此频繁出现不幸的结果的话，我们的政策将会是一种非常滑稽的自欺欺人。

期盼这些受过高水平教育的最高法院法官看到显而易见的东西，也就是说通过规则之网看到规则之外的现实，难道这过分吗？有四名最高法院法官认为存在合理怀疑，即使他们不成为多数，也表明了确实存在合理怀疑。因此，我们必须做出无罪判决。

法律是否彰显正义

伯纳姆法官认为，法官应该遵守法律，而非遵循他们自己关于正义的观念，这是因为，在一个多元化的社会中，人们可能就法律达成一致，而在正义的要求是什么的问题上可能存在分歧。他激烈批评了那些想求诸法律之外的正义的人，尤其是那些法官。我在前面许多地方主张以正义为由去修正或者扩展我们的法律；因此我应该直面伯纳姆的观点并且给予明确的回答。实际上，如果我们生活在一个他所想象的良好的、多元的社会，我会同意他的那一强烈主张。他的唯一谬误就是，他认为我们真的生活在公民理性的幻想世界当中。他承认，"只有当我们想尽办法让所有的观点都能在立法程序中得到倾听"，他的意见才能成立。纽卡斯国社会在多大程度上没有满足这种参与性的理想，他的意见就在多大程度上是难以成立的；令人悲伤的是，这种没有满足理想状态的程度是巨大并且长期存在的。

如果举一个类比，伯纳姆的意见存在的问题就会变得十分明显。我们的政治辞令中有一种常见论调认为，在民主体制当中公民不服从是不正当的，因为心怀不满的抗议者可以向立法机关和公众请愿，从而解决其困难。如果他们的理由充分，人数众多，那他们就可以在不侵犯法律的情况下得到满足；但是如果理由不够充分，或者数量太少，那他们就没有理由得到满足。这种意见是颇具吸引力的，因为它，或者其他与之类似的观点，在我们希望能生活于其中的理想社会里是真实的。合理的理由和真实的数量的确应该起作用，但是那并不意味着它们在我们生活于其中的社会里就能够起作用。伯纳姆的论点假定立法机关完全反映了全体人民的意愿，但考虑到财富和特权对真实选举和真实立法的不平衡影响，这一论点就难以成立。如果制度本身已经很公正，那我们只能劝告想实施公民不服从的激进分子离开大街回家去，向立法机关书写陈情信。只有当法律已经很公正的时候，伯纳姆才能以他那特有的正当论调去除诉诸法律之外的正义的做法。但如果法律是根据利益、财富和权力制定的，而不是由多元的声音根据其分量和合理性来建构的，那么伯纳姆的论点就会成为忽略这些改变诉求的理由，也因此就会成为牢固确立非正义的理由。假如法律将特权制度化了，那就不可能让所有的观点都在立法程序中得到倾听。我们并没有生活在伯纳姆所想象的那种多元社会中，在那种社会中，观点和利益各有不同的群体在法律的公正性上达成了"高度一致"。在我们所生活的多元社会中，一些观点和利益支配着其他观点和利益。只要情况确实如此，求诸法律之外的正义就是我们让法律符合正义要求的唯一希望所在。

我赞成撤销有罪判决，宣告被告人无罪。

生命的绝对价值

特朗派特法官陈词

在法律看来，每一个生命都是极其崇高和无限珍贵的。这让每个生命具有平等的价值。没有哪一个生命能够优先于其他生命。任何牺牲都必须是自愿的，否则就是侵犯了法律所确认的生命平等和神圣尊严。

承认生命的绝对价值

我的同事们似乎认为，本案的首要问题就是紧急避难抗辩。因此，他们长篇大论地讨论探险者们是不是由于紧急避难而杀人的。但是我稍后会说明，他们完全误解了本案。紧急避难不是杀人的正当化事由或免责事由。因此我们甚至无须讨论探险者们是不是由于紧急避难而杀人。伯纳姆、斯普林汉姆和其他人在这方面的努力都是白费力气。

斯普林汉姆承认这一显而易见的事实，即本案并非一个自我

113

防卫的案件，但是他转而又说本案是一个"自我保存"的案件，好似这一新的短语本身有什么启示。海伦认为本案是自我防卫的某种未命名的变体，好像在她看来，把本案与自我防卫这一历史悠久的正当化事由联系起来不用怎么费力就能让她的主张成立。但是本案并不是一个有关紧急避难或者自我保存或者自我防卫的案件。它是一个有关平等的案件。如果说它关系到某种自我保存的权利，那它关系的也是这种权利在洞里的不平等确认。存活下来的探险者将他们自己的生命看得比威特莫尔的生命更为珍贵。本法院不能认为，纽卡斯国及其法律会支持这种暴戾和自私的不平等。

在法律看来，每一个生命都是极其崇高和无限珍贵的。这让每个生命具有平等的价值。没有哪一个生命能够优先于其他生命。任何牺牲都必须是自愿的，否则就是侵犯了法律所确认的生命平等和神圣尊严。如果没有人主动牺牲，那谁也没有权利杀害不愿牺牲的人。每个人都有义务面对死亡，都不能违反最高的道德和法律义务去杀害他人。

斯普林汉姆和塔利试图表明，那场抽签把探险者的平等权利置于一个平等的起点上了。尽管就其本身而言的确如此，但是它忽略了，抽签的目的是为了赢家的利益杀掉输家。这一目标是在实施终极意义上的不平等。认为每个探险者都有平等的机会承担不利后果的观点并不能为不平等的结果提供正当辩护，原因仅仅在于，不能扭曲平等来正当化不平等。

忍受不正义好过实施不正义

与之相关的一个原则就是苏格拉底（在《高尔吉亚篇》中）最早表达的，即忍受不正义好过实施不正义。或者是之后耶稣所说的（在《路加福音》中），有人打你的右脸，你连左脸也转过来由他打。这些"宗教狂热分子"（见第 88 页）都不会同意塔利所认为的"杀人可以是一种划算的交易"的可憎观点。

在此基础上，我们可以洞穿环绕于那一自我防卫先例周围的迷雾。我的同事感到疑惑的是，为什么以前的法官认为自我防卫是关于谋杀的法律条文的一项例外，而以前的立法者却拒绝这样做。我的同事们这样推论：自我防卫杀人之所以应该被免责，是因为自我防卫杀人不是故意的，因为它深深植根于我们的天性之中，因为惩罚自我防卫者不会起到阻止犯罪的作用，因为自我防卫是预防性杀人，或者因为自我防卫没有被包含在关于谋杀的法律的目的之中。但所有这一切也仅仅是猜测而已。

自我防卫杀人违反了在实施不正义之前忍受不正义这一原则。这是自然法的一项原则。它并没有因为不断受到违反而改变。我的那些同事误入歧途了，在永恒法与人类利益相冲突时就不能识别它。对他们来说，相同的结论亦可从人类法中推出。自我防卫杀人违反了关于谋杀的法律的文字含义，这一法律要求惩罚所有的故意杀人。一个服膺"立法至上原则"（见第 27 页基恩法官的意见）的国家，无法容忍司法机关无视立法条文。

关于谋杀的法律排除自我防卫是有充分理由的：立法者不愿

意以自我防卫为由宽宥杀人行为。他们相信，人们应该送上另外一边脸。说得更明确一些：那个免除自我防卫杀人者根据关于谋杀的法律应受的惩罚的先例是一个错误判决，应该撤销。但是我知道，我无法获得足够的支持票来推翻它，而且在我的有生之年亦恐无机会推翻。此外，至少在这一先例确立如此之久后，对于先例的尊重也要求我默认这一司法创造，但是我必须强调否定自我防卫的立法原则，因为这一原则依然是法律的一部分，并且与这些探险者的案件直接相关。

斯特莫尔先生是由于外力作用而无法遵守一项停车法令，守法是不可能做到的。而探险者们则根本没有因为遇到障碍而不能遵守法律，他们是被诱惑违反法律的。他们太脆弱了以致无法抵抗这种诱惑。他们发现选择不服从法律比选择服从更有利。由于他们的罪行远非必要，服从法律也就绝非不可能。服从是可能的，也是恐怖的。但人们有权去回避恐怖之物吗？即使我们认为他们有这样的权利，我们也不能以此为由为杀人作辩护，因为杀人行为至少与他们力图避免的饿死一样恐怖。

杀人行为不可宽宥

正如伯纳姆责难福斯特反感法律条文一样，斯普林汉姆法官也批评伯纳姆法官反感紧急避难抗辩（见第 72 页）。但既然我们有紧急避难抗辩和法律条文，我们就只好断定，伯纳姆和福斯特仅仅是在所要宣誓维护的法律上存有分歧。如果事实的确如此，那将是毁灭性的。但实际情况是，尽管我们确实拥有法律条文，但纽卡斯国的确不允许紧急避难抗辩。更为确切地说，我们允许停车的紧急避难抗辩，这是斯特莫尔案所表明的，也从来没有受到过质疑。但我要问斯普林汉姆法官的是，判例法当中有什么地方可以找到这样一种权威，去冷冰冰地宣称杀人者也可以运用紧急避难抗辩。（我们没有基于同类相食的紧急避难抗辩，因为没有任何法律条文规定同类相食为犯罪，如同唐丁法官在第 23 页所指出的。）伯纳姆拒绝紧急避难抗辩，因为它使得违法成为正当，并必然带来无政府状态。斯普林汉姆承认确实存在这种危险，但回应说，可以严格限制紧急避难，要求对紧急避难的存在合理确信，而不仅仅是真诚的相信。斯普林汉姆的主要观点是，在伯纳姆看来秩序先于正义，但是正义要求紧急避难抗辩，而不顾其对于秩序产生的影响。

但是斯普林汉姆错了，即便为了保全自己的性命有必要杀人，正义也从来没有要求我们去杀人。正义要求我们面对死亡，而不是去杀害别人。我希望我不会听到那些有意杀人的人哀求哭号，声称自己杀人是正义所要求的；那会让人窒息。我要告诉被告人，他应该自愿等待饿死。这句话很难说出口，我绝不是随便草率地就说出来的。但是如果其替代选择是杀掉别人的话，那我这么说就是正义所要求的。与探险者们逃脱一死相比，更为令人不齿的是斯普林汉姆的观点，他认为"正义"允许杀掉威特莫尔。与其说正义支持探险者们杀人的决定，还不如说正义应该被抛诸一旁。

斯普林汉姆说选择受害者的方法是公平的，这是因为它是随机的，而非因为得到了探险者们的一致同意。他说，根据法律规则，受害人的同意不能成为谋杀的抗辩理由。而斯普林汉姆没有说出来的是，根据他的原则，当这个被随机选择的受害人哭号反抗却最终被害时，那依然是公平的。让我们假设被害人的同意是无足轻重的，随机选择是公平性的唯一要求，那请我的同事们想象一下这样一个生动的场景：一个极力反抗的受害人被制服在地，然后被杀掉。这是公平的吗？

此外，尽管我们不知道杀人的方法，但我们知道威特莫尔并没有同意。因此我们可以假定他进行了全力反抗。我们不知道在死亡当天他还有多少力气，但是他的反抗必定让杀人者们费了些力气才制服他并了结了他的性命。探险者们既承认付出了这样的努力，而同时又宣称他们正处于饿死的边缘，以至于不能再等哪怕一天的时间，话能这样说吗？

斯普林汉姆说，这些人是出于"自我保存"的需要才杀人的，并且也承认威特莫尔并没有满足自我防卫的目的所要求的侵害者的标准。但是假如这些普通的不幸之人可以杀掉一个没有对自己构成威胁的人，而原因仅仅是如果没有那个人的血肉所提供的营养，他们将会死掉，那么，为什么一个患有肾脏疾病的公民不能杀掉一个拥有合乎他的肌体类型的肾脏的人，取走受害人的一边肾脏拿去移植呢？*或者，如果不只有一个人可以提供合适的肾脏，为什么不让他们也举行一次抽签，把输掉的人杀掉取走肾脏呢？

---

* 伍恩教授提出了一个更为复杂的移植类比。见达玛托在本书中被引作品的第 469 页。

健康的肾脏拥有者与威特莫尔一样无辜，并且，与这些探险者一样，有肾脏疾病的那个公民也是出于紧急避难而杀人的。我们并不认为，死于肾脏疾患是某人应得的，就像我们不认为死于一场山崩之中是某人应得的一样。当这一切发生后，我们所能做的就是向被害人及其家庭表示哀悼。然而，如果没有人自愿捐献肾脏，我们就要告诉患有肾脏疾患的人，他们必须面对死亡，不能通过谋杀强行剥夺他人的肾脏。对这些探险者，我们也只能这样说。

探险者们犯有谋杀罪。任何对他们行为的道德审视都不能推翻这一结论，如同在法律上有罪一样，他们在道德上也是有罪的。事实上，生命神圣原则首先是一个道德原则，其次才是一个法律原则。试图找到这一杀人行为的正当化事由，例如，通过紧急避难或者自我防卫的某种变体，或者将谋杀法律和谋杀的道德区分开来，都既违犯了纽卡斯国的法律，也有违本国的道德。

杀人永远不是"划算"的交易

塔利法官完全错了，他误认为他的所有同事私底下都认为杀掉一个人去挽救五个生命是一项划算的交易。同其他几个人一样，我认为这么说是野蛮残忍的。但是由于以数字为理由的意见为很多人所持有，并且也是许多清醒的思考者的一个难解的结，因此有必要对之给予回应。我们能够为一百个人的生命而杀掉一个人吗？一百万人呢？什么时候杀人的"收益"会超过"损失"，以至于我们可以开始谈论"划算的交易"？有这样的一个点吗？

塔利会为挽救五个人杀掉一个人，为了挽救一百万人而杀掉一个人。但是他会为了五个人杀掉四个人吗？为了一百万人杀掉九十九万呢？可以想象，尽管根据他的冷血的算术，在每一个案子中"划算的交易"都是非常明显的，但面对这些数字，连他那无情的直觉也会踌躇起来。

如果所有的生命都有无限的价值，那么一个生命与两个生命就是同样珍贵的，与一百万个生命相比亦是如此。事实上，一个生命与无限个生命都是一样珍贵的。在预防性杀人中永远都没有划算的交易，有的只是手上带着鲜血的幸存者。

我承认，或许杀掉某些人去拯救其他人常常是"必要"的。我的意思是，如果那些其他人要得救的话，那么某些人就必须被杀掉。我甚至承认，探险者们就处于这样一种情形之中。但是在这类情形下，杀人也仅仅在假定的意义上是必要的：只有当某些其他人一定要活下去时，这才是必要的。在这里仅有假定的紧急避难是不够的。如果我想戴着你的头皮或者用你的头盖骨装饰桌子，那你就被假定有必要被杀死。但我有以紧急避难为由杀你吗？显然没有。我承认这种假定的紧急避难，但是仍然循规蹈矩地生活，并没有戴你的头皮，也没有用你的头盖骨装饰我的桌子。如果必须杀掉某些人，才能救另外一些人的命，那其他人就应该接受自己将早些结束生命，而非以同类的生命为代价苟延残喘。

只有当塔利所计算的单位仅仅具有有限价值时，他的原则才能适用，因为那样的话五个的价值总是超过一个的价值。但生命却不是这样的一个单位。塔利会说，我们在过错致人死亡案中赋予的损害赔偿表明，我们为人的生命设定了一个有限的价格。但如果这是正确的，那我们也就会允许富人购买穷人，允许他在支付了价格的前提下，违背他人意愿将其变为自己的物品。解释为什么我们视生命为无价而同时又在过错致人死亡案中赋予赔偿，要比塔利解释为什么他的人类价值观点不会导致将人类商品化容易得多。

　　但是即使我们承认他的观点，即根据法律，人类价值是有限的，他的逻辑也不适用于这些探险者的案子。因为如果我们认真对待塔利的逻辑，那么五个在抽签中获胜的人就有正当理由杀掉输者，即第六个探险者。如果就在那时一场没有预料到的山崩又将救援行动延长了两周，并且如果这些人通过无线电获悉了这一坏消息，那么五个幸存者中的四个正当地杀掉第五个就只是时间问题了。如果我们又通过无线电告诉他们发生了山崩，那三个幸存者就有正当理由杀掉第四个，然后又是两个幸存者杀掉第三个。如果我们再告诉他们一次，在预防性杀人的有限情形下，最后其中一个就可以正当地杀掉另一个。根据塔利的逻辑，每一次杀戮都是一项划算的交易；但是到了最后只有一个人活着，别的五个都被杀死吃掉了。如果我们认为为了救五个人而杀一个人是正当的，那最终我们也会认为为救一个人而杀掉五个人也是正当的。即使根据塔利的算术，那是一项划算的交易吗？

道德比杀人自保更重要

　　海伦法官是错误的，她认为"品德良好的"探险者也不能不进食，即使是通过杀掉一个人来获取食物也是情有可原的。这是一种自以为是的说法，她从来没有遇到过一个品德良好的人，抑或遇到了，但没有得到正确的教益。一个品德良好的人会自愿等待饿死而不是杀人。在这种恐怖而悲惨的境遇中，等待饿死，而非杀人，才是必要的行为。颗粒不进直到死亡是不那么容易做到的，但是难道它的道德必要性还不够明显吗？以自己的生命为代价克制自己不去杀人，这种自律正是我们所指的美德的一部分。

理解生命神圣原则

最后，我并不是没有注意到，在构成关于谋杀的法律根基的生命神圣原则和那一法律所规定的强制性死刑之间，存在一种矛盾。那一法律条文本身就有冲突。这是废止法律条文的死刑规定的非常坚实的理由。除此之外还有一些比较软弱的理由也支持废止它。说它"坚实"，是在与法官常常用来废止法律条文的其他理由——比如抽象正义或者常识——做出比较的意义上而言的。强制性死刑可能得到这些原则的支持，例如自我保护、威慑（帕里案），或者改造（斯坦普案）；但是这些原则都没有生命神圣原则那样的分量，也不像生命神圣原则那样在我们的法理学中有着深厚的根基。此外，支持死刑的每一种原则在某种程度上都可以通过监禁来实现，因此，即使不考虑关于谋杀的法律的目的理论，其目的也不会要求使用死刑。这说明，对于纽卡斯国法律的根基而言，支持死刑的原则并没有生命神圣原则那么重要。因此我愿意废除规定强制性死刑的法律条文条款。

现在要救之前四个人免于死刑为时已晚，但是还来得及确认那个真正的原则，认定被告是谋杀犯的同时视他为具有无限价值的生命，从而申明我们同意他的道德原则。

我赞成支持有罪判决，但将案件发回初审法院重审。

契约与认可

戈德法官陈词

我们依然相信遵守法律的义务并非建立在某种神秘的道德义务之上，也绝不是奠立于主权者的某种神圣权利之上，而是建立在我们遵守它的承诺上面，尽管这种承诺可能是默示的。

被害人生存权利被侵害

距今约一百年前，当第一个妇女被任命为纽卡斯国最高法院的法官之时，大多数的男人都设想她将会为妇女代言，很可能大量的妇女也这么想。事实上，认为这就是该名妇女得以获得任命的原因也并不为过。等到第六位妇女被任命之时，纽卡斯国已经同时拥有两位女法官了。直到那时，大多数的男人才明白并非所有的妇女都想法相同，可能部分妇女也明白这一点。如果这意味着妇女正由空洞的抽象概念逐渐变成一个复合的实体，那这是事情的有益转变。但同时这又是不幸所在，因为假如并非所有妇女都有同样想法，那么谁能为妇女代言呢？

我的同事们早就厌烦了被告知我和海伦法官的想法并不必然相同，就像（比方说）基恩和福斯特法官思维各异一样。海伦法官本人可能也厌倦了这一事实，因为她的书面意见表明她正尽力为妇女代言，并且假定所有妇女想的或者应当想的都是相同的。但是我还要不厌其烦地再次提醒大家注意我们两人之间的不同。

这里有好几个判定被告犯有谋杀罪的理由。一个理由是探险者们必须对自己所面对的痛苦万状的困境承担一定责任。另一个就是威特莫尔有自我防卫的权利，这种权利与紧急避难抗辩格格不入。再者，简单地说就是，没有什么理由说明被告没有犯罪。

一、被害人撤回同意的行为不容忽视

先说第三个理由：海伦法官把生还的探险者与强奸受害者进行类比，理由是他们被迫有意识地但同时也违背内心意愿地实施行为。（真的每个案子都能与强奸扯上关系吗？）然而，即使按照她的说法，她也完全颠倒了情形，存活下来的探险者与其说像强奸受害者不如说像强奸犯，因为他们把威特莫尔当成了目标（不是性行为的目标，而是觅取食物的目标），通过暴力使其服从他们的意志，服务于他们的利益。威特莫尔的同意或不同意遭到了轻视、忽略和蹂躏，他不被看作平等的一方。当这种暴行以性行为的方式表现时，就是强奸；以故意杀人的形式表现时，就是谋杀。

威特莫尔提议了抽签并最先毫不迟疑地同意了。但是在掷骰子之前，他也明确无误地撤回了同意。这制止其他探险者们杀人了吗？我们有多少次听人说，某个女人去男人的公寓，甚或与其共进晚餐，她就以自己的行为同意了性关系？并非任何男人们认为表示了同意的行为都确实表示了同意。而且即使是真正的同意也是可以撤回的。如果不这样的话，女人们可能就要被和男人们隔开，穿上长长的黑袍面纱，避开男人们凝视的目光。但是生活与此完全不同，因为不论在事实还是法律上，"不"就意味着"不"。

所以，让我们从同意可以撤回的原则开始讨论。威特莫尔撤回了加入抽签的同意，但探险者们为他掷骰子时，他并没有认为骰子被做了手脚或者投掷时有舞弊行为，他也没有这么说过，但这只表明他同意了掷骰子的公平性，而没有同意重新加入之前的那项协定。但这对他的同伴们没有产生什么影响，他们杀死了威特莫尔，仿佛他已经同意了似的。

某些新闻评论人猜测威特莫尔一开始提议抽签时就打着如意算盘，计划在最后一刻退出抽签，然后通过某种聪明的办法（也许是令人同情的抽泣）来分享其他人通过谋杀得到的食物。[*]当然没有任何证据支持这种观点。但是无论如何，我上面的分析无疑已经回应了它。即使这一猜想完全属实，它仍然承认威特莫尔确实撤回了同意。一个女人在心甘情愿与男人共进晚餐并吃过甜点后，仍有权利拒绝性行为，这个决定仍然应该受到尊重。（这还需要多说吗？）要不然的话，我们就只能说，因撤回同意使得男人

---

[*] 斯莱尔教授甚至认为，即使威特莫尔没有参与杀人，在法律上他也有强大理由分享食物。见达玛托在本书中被引作品的第 484 页。在那时不让威特莫尔分享食物完全可以构成谋杀。

产生挫败感的女人应该被强奸。

如果不是为了获得群体中每一个成员的同意，探险者们为什么要花那么多的时间讨论抽签的数学问题？即使如斯普林汉姆正确指出的，同意不是对谋杀的抗辩，对探险者们来说同意显然是非常重要的。但是假如这样，他们还有什么借口忽略威特莫尔的异议？威特莫尔的不同意对本案没有实质意义，并非因为同意是对谋杀的一种抗辩，而是因为，除非探险者们双手清白地走进法院，否则他们就不能主张紧急避难抗辩。我们的同情感几乎取决于他们双手的干净程度，而判决他们无罪的公平性在很大程度上又取决于那种同情感。

稍后我会回到同情的问题上，但我先要指出，当海伦法官将探险者们比作强奸的受害者时，她也隐含地把威特莫尔比作强奸犯。但这是极度荒谬的。威特莫尔没有做任何威胁、伤害或危及其他探险者的事情，他们中的任何人都没有对其他人做过类似的事情。每个人都活着，都渴望吃东西；每个人的身体都可以被当作食物。单就这点而言他们是相同的，威特莫尔不比其他人更具威胁。这正是我们不能把那一杀人行为视为自我防卫的理由。威特莫尔不是一个侵犯者，他没有任何罪行。如果有人必须死，没有理由一定应该是威特莫尔而不是其他任何一个人。除非他真的采取了其他人未曾采用的方式威胁了别人，那么根据自我防卫理论甚或是新颖的女性回应型的自我防卫理论变体，他才扮演了一个强奸犯或者自我防卫理论中侵犯者的角色。

让我提醒法院想一想法庭判决史上那一骇人听闻的篇章吧。

国家要对某人定罪，必须要证明被告人存在所谓的思想因素或犯罪意向，有时被简称为犯罪意图。如果被告人没有犯罪意图，那就不能被定罪；如果国家没能证明存在犯罪意图，那它就要败诉。本法院的先辈们曾经一度坚持认为，强奸罪中的犯罪意图对于男人来讲就是他知道他在实施性行为时女性是不同意的。因此，如果他真挚地相信对方确实同意了，那么他就没有犯罪意图，就不是强奸犯，他需要的仅仅是善意确信，或者是真诚，因为这是关于他心理状态的问题。他的确信不一定非要是真实的，或者在当时情境下是合理的，或者要有些许证据的支持，它只需在心理上确实存在就可以了。但一个男人对女人的同意的确信可以既是真挚的，同时在当时情形下又是不合理的，原因是女人发出的信号含糊不清，或者他喝醉了或者很愚蠢。他也可能格外擅长相信他愿意相信的事情。但是他只要可以以自己的心理状态为由而被免责，受害人的心理状态无关紧要，那么即使女人明确地表示拒绝，也只能任由男人摆布。所有这些都是无可避免地从每一种犯罪都一定要存在犯罪意图这一古训中引出的。这一原则将女性的同意转换为男人对女人同意的确信。其结果具有非常明显的压制性，它不可能作为法律长期不变，尽管我们常常忘记了，用明确的立法纠正这种情形花了二十四年。

因为纽卡斯国建立在由大螺旋之后第一时期的幸存者订立的明确社会契约之上，所以许多作者把关于强奸的法律的实践与我们的社会契约观念相类比。那一代建国者对那一社会契约的明确同意有案可查。但是对他们今天的子孙后代来说，最多也只有默示的同意。我们今天的同意可以从我们的行为中推断出来，比如说，接受政府提供利益和服务。那么推断我们的同意目的何在呢？主要是为了让我们遵守法律。我们依然相信遵守法律的义务并非建立在某种神秘的道德义务之上，也绝不是奠立于主权者的某种神圣权利之上，而是建立在我们遵守它的承诺上面，尽管这种承诺可能是默示的。谁在推断我们的承诺？是国家，因为它必须让我们为违反法律而承担责任。这就好似那一骇人听闻的"善意强奸"规则，因为它将我们的同意转换成政府对我们同意的确信。这是否有点儿过分压迫人们而需要被修正呢？或者说它是不是误解了纽卡斯国今天用来表明和确定同意的方式？

许多作者已经回应了对我们政府之组成的这一严重指责，比如争论说，在我们确立接受统治的默示同意中，国家并不扮演至关重要的角色，因为这一工作也可以由任何独立或者非政府的实体来完成，比如一个火星观察者、纽卡斯陪审团或者党派中立的社会学家。我无须通过审核这些反驳的有效性来指出，大多数纽卡斯人明白这些反驳是否成功与他们的利害相关。因为假如这种批评没有得到回应，那我们的政府之组成就不具有正当性，只是依靠一种似是而非的同意或者肯定性的拟制把我们可能并不同意的事情解释为同意。

所有这些都迂回地指出，我们很久以来已经弃绝了"善意强奸"规则，并尽全力反驳认为我们的政府组成也同样不正当的批评。但是假如我们真的认为我们已经从强奸的例子中吸取了教训，那我们不应该辜负我们认为已从教训中学到的东西。如果一个女人的同意并不等同于一个男人的确信，则我们必须去审视女人是否真的同意。简言之，不这样就是没有真正吸取教训。如果同意是抽签的基础所在，威特莫尔的同意就不能由杀他的人推断或者解释出来，而应该看威特莫尔是否真的同意。但是他并未同意，因为他撤回了同意并再未同意过，这点大家都没有异议。

二、被告须为自己的行为负责

我相信，斯普林汉姆、塔利和海伦会主张说，如果探险者们是出于紧急避难而为之，那么在没有得到威特莫尔同意的情况下杀掉他也不要紧或者也情有可原。我想以一种稍有不同的方式来提出问题：问题不是探险者们是否出于紧急避难而为，而是他们的确如此的话又有什么不同。如果一个男人为了被吸收进某个帮派而"必须"强奸妇女，我们并不会以这种"必要性"为由判他未犯强奸罪。但是如果他拒绝强奸妇女会导致那个帮派杀掉他并且他也知道这点，情形会是怎样的呢？我们的下级法院曾经审理过这种案子。那一新的发展强化了和本案之间的相似性。毫无疑问，我们为了避免死亡做我们必须做的事情，这减轻或者消除了我们造成伤害的犯罪意图。但是在那个案子中，为什么我们没有同情那位陷入困境的想入帮派的人呢？难道我们不会问他是如何让自己陷入要么强奸妇女要么被杀的困境中去的吗？他是不是对走到必须做出选择的那一境地，并且因此对他为了"避免被杀"而实施的强奸行为负有责任呢？类似的一系列问题会让我们拒绝一个受到警察攻击然后劫持了一个无辜路人作为人质或盾牌的逃犯的紧急避难抗辩。没错，那个犯人的生命受到了威胁，并且这种方法能够保护他，但是他自己对造成那种窘境所负的责任不允许他以他人的生命为代价来挽救自己的性命。

在当下的两个探险者案中，被告探险者们负有重大责任。他们没有造成山崩，也没有把山崩的危险当作乐趣。但是他们自愿地走进一个布满危险的自然环境之中，可以预见在那里他们应对灾难的选择范围是狭窄的。他们为什么这么做？不是为了避免死亡，也不是为了采集食物，而是为了娱乐。因此我们必须断定，他们的自愿行为在很大程度上对陷入为了活命"必须"杀人的困境之中负有责任。这一事实排除了他们铤而走险行为的必要性的抗辩力。而且，在最后一刻来临之时，他们为了活命杀掉了一个道义上等同于无辜路人的人，用他的身体来抵御饥饿。

为什么我对探险者们不是很同情呢？第一，因为他们的行为显得同意很是重要，但是随后又漠视了受害者的异议。第二，他们的紧急避难行为是他们自愿行为的结果。在此我重点阐述第二点理由。我会更同情一群因地震或恐怖爆炸身陷倒塌建筑的杂货商、干洗店员工和打字员。如果他们与探险者们一样也进行了同样的无线电联络，饥饿的程度一致，并且也进行了抽签，抽签失败者随后也同样撤回了同意，最后杀死他们当中的某个成员，他们的紧急避难抗辩也会比这些探险者们所提出的紧急避难抗辩强有力很多。可能也有很充分的理由拒绝他们的抗辩，但是他们不会因为对招致或者造成所面对的必要性负有责任而丧失紧急避难抗辩。

为什么我们要赦免那些在实施犯罪行为时非自愿地醉酒的被

告人，而不是那些自愿醉酒的被告？我们的犯罪心态或犯罪意图理论看来似乎是要求我们对两者都加以赦免，他们一样不具备那种必不可少的心理状态，并且可能在同等程度上缺乏那种心理状态。简明的回答就是，我们对那些自愿醉酒造成伤害的人比那些非自愿醉酒引起伤害的人更少同情。原因很明确，自愿醉酒者对于自己的醉酒状态以及在那种状态下引起的伤害都负有一定的责任。我们可以说由于自愿醉酒者对自己心理能力的丧失负有责任，因此我们不同情他们。或者我们也可以说负有这样的责任具有法律意义，因为这使我们对他们没有同情。对于我来说，是否通过这种情绪或通过那些使这种情绪正当化的事实来证明这一法律原则的正当性是无关紧要的，并且我从来没有看到过有人说这是有重要关系的。

帮派成员的例子是一个真实事件，并且近年来在城市中不止一次出现。它很有意义，教给我们紧急避难抗辩的限度。没有人对强奸罪控告提出紧急避难抗辩，或者如果有人这样做了，我们也不会接受。尽管实施强奸行为的必要性永远不存在，但是自我防卫法律表明杀人的必要性是可以存在的。我们从强奸的类比中知道，如果被告人心甘情愿地共同造成了困境，那他的紧急避难抗辩就要被拒绝。但并不是非要求助于强奸的类比才能得出这一结论。我们也可以从自愿醉酒的应受惩罚性与非自愿醉酒的应受惩罚性缺失的那一古老区分中吸取同样的教训。这一教训显然是对探险者们不利的。

三、被害人自我防卫的权利

我现在想直接反驳这一观点，即本案中的杀人行为，或者任何一种非自我防卫杀人都可通过紧急避难获得辩护。塔利正确地纠正了斯普林汉姆的错误，指出了免责事由和正当化事由之间的基本差别（见第 95 至 96 页）。诸如精神失常、激怒或责任能力减弱等作为免责事由的抗辩，可以免除责任，但并不会肯定一个人的行为。如果有人因为精神失常而杀了人，他并未犯谋杀罪，但是我们依然要谴责这种杀人行为。如果精神正常者帮助精神失常者实施杀人行为，那就犯了谋杀罪，就要被惩罚。制止杀人行为的路人则应当受到赞扬。

与之对照，诸如自我防卫这样的正当化事由抗辩，不但可以免除责任，而且也会肯定一个人的行为。如果被告人得到他人的帮助，那提供帮助者也要被宣告无罪。阻挡这类杀人的路人可能会招致我们的非难并可能承担某种罪名。我们的法科学生都耳熟能详，帮助一个可被免责的违法行为是犯罪，阻止它则不会获罪；但是制止一个有正当化事由的违法行为是犯罪，帮助它则不会获罪。

正如塔利所言，紧急避难是一种正当化事由，而非免责事由（见第 95 页）。如果的确有可能出于紧急避难杀人，那么杀人者就应得到我们的赞扬和尊重（如斯普林汉姆正确指出却没有一以贯之的，见第 72 页），而且，任何制止这类杀人者的人都应该受到非难，甚至可能构成犯罪。但在此处我们看到加诸塔利论点之上的限制：紧急避难并不适用于本案，或者说也不适用于任何非自我防卫杀人行为。如果探险者们是出于紧急避难杀了威特莫尔，那威特莫尔保护自己就是错的。但如唐丁对探险者案的讨论中似乎在论证的一样，这荒谬至极。因此，探险者们没有资格运用紧急避难抗辩。

顺便提一句，这也有力地解释了为什么说海伦法官是错的，她认为一般大众的正义观念支持运用这种紧急避难抗辩。相反，一般大众的观念无疑会允许威特莫尔保护自己。

承认法律多样性

反对杀人行为的紧急避难抗辩无须讲特朗派特法官那么多激进的废话。我不相信本国或者其他国家的最高法院法官曾主张谋杀禁律的自我防卫例外应该被推翻。假如特朗派特法官不是确实存在的，类似他的口吻提出的观点会被人们视为无稽之谈。人们应该告诉他，苏格拉底和耶稣并不是纽卡斯国的立法者，告诉他还有许多道德原则出于某种充分的理由并未纳入我们的刑法之中，比如禁止贪婪、色欲和暴饮暴食。正如并非每一种恶行都是或者应当是犯罪，并非每一种美德都应当成为法律义务。人们并非一定要具有某些美德，比如自愿牺牲以挽救他人。任何人都没有去死的义务。法律仅仅要求我们弃绝一些严重的有害行为，而不要求我们像圣徒一样。特朗派特法官像道德狂热分子那样痴心妄想是错误的。如果他完全确信法律应当是某种样子，他也会完全确信它已经是那种样子，并且因此所有不同意他的人都是错误的。特朗派特法官坚决地将他的信条贯彻到底，以至于他断定千百年以来我们所有法院中的法官在自我防卫的法律地位问题上都犯了错误。这一主张表明他所谈论的是自然法、神圣的道德或道德原理，而不是他有权实施的联邦的实定法。在我们的学术杂志上普遍存在的另一种谬见就是，相信因为法律应该是协调一贯的，它就是协调一贯的。像写这种文章的教授一样，特朗派特法官的阐述所依据的原则是，他的实际境遇必须跟他想象中的境遇一致。但是实际的法律并不是理想的法律（引用边沁的说法），就像饥饿不是面包一样。边沁的类比在此特别贴切，要是探险者们具有特朗派特法官所具有的痴心妄想的天赋，那他们就永远不会产生饥饿感。

无罪判决可能会导致悲剧重复发生

判决探险者们有罪会威慑到未来处于类似情形下的探险者们吗？海伦法官认为不会（见第107页）。此处有一个理由可以说明她为什么是错的。我们基本上可以合理地假定，这些探险者是彼此在乎的朋友，而不是探险队的随机搭档。威特莫尔是存活下来的探险者的朋友，他们也是他的朋友。这些探险者绝不是杀人不眨眼的冷血罪犯，想到要冷酷地杀死他们的朋友肯定感到非常恐怖。然而还是有些东西让他们克服了极度不情愿的心理，那是什么呢？他们告诉我们，是他们强烈的生存欲望，以及要活命就必须实施这一恐怖行为的认识。我同意他们的主张。但这同时意味着，假定他们早已确切地知晓杀人将会导致被处死，那他们杀死

135

朋友的唯一理由就会不存在了，因为那样他们就会知道杀害他们的朋友并不会挽救他们的生命，反而会使他们的死成为定局。我想这样的话会很容易阻止朋友之间互相残杀和互相取食人肉。

我不认为有罪判决的威慑效果本身是做出有罪判决的好的理由。但由于我认为被告是基于独立的原因而获罪，我觉得澄清这一点是很重要的，即惩罚他会实现比纯粹的报应更有益的目标。

如果这一分析不正确，处死这些探险者不会有任何威慑效果，会有什么问题呢？如果相信惩罚不会有威慑效果是导致我们对本案被告做出无罪判决的理由，我们就会面临一个矛盾。因为下一次探险者处于同样情境时，影响他们行为（在我们的假设下）的法律先例就会是我们的无罪判决，这只会使杀人的心理更加可能。在这种意义上，相信惩罚一个被告会威慑到其他人，就像相信我们能跳过一个三米宽的深渊。相信可以做到并不会让我们真的做到，但是认为不可能做到就会使得结果的确不会产生（如果法律表现出这些自我实现效应，我们就有了另外一个理由把法律看作充满风险和激情的人类选择的事业，而不仅仅是一个规则体系）。

法律与情感、文化不能截然分开

在已经确定被告犯有谋杀罪之后，我还要再考虑一下伯纳姆的意见，他坚持认为我们不应受同情感影响，担心那会成为各种宣告无罪主张的理由。第一，他在感情与理性之间设置了一个错误的二分法，并且损害了他精心阐述的一致性，下面我们会说明它。第二，同情并不是铁板一块的，我们会同情忍饥挨饿的探险者，但我们也可能同情过去和将来的一些谋杀罪被告，他们和这些探险者一样具有重要的减轻情节，且一样被判处死刑。

法律被不平等适用

先讨论第二点：有很多数据表明，关于谋杀的法律条文虽然表面上中立，却被不平等地适用了，不利于少数族群和穷人，即使在校正了这些群体犯罪率上升这一因素的影响之后，这种偏向依然存在。这种歧视性影响与该法律条文的合宪性并不冲突，但是它提出了正当的合宪性质疑，并促使我们基于这种社会背景以及纠正其在历史上的不平衡适用的考虑理解该法的含义。抽象地或者在其运行的真实社会历史背景之外理解法律，只会让我们无视法律的平等保护，并将非正义永久化。

本案被告是一位特权者；洞穴探险是一种富人的运动。他的伙伴们与他同属一个阶层；在宣告特权者无罪而判决无特权者有罪的社会背景下，他们被处死是一个小小的例外。因此，坚持关于谋杀的法律条文也适用于该阶层的被告这一原则对我们来说极为重要。提出以极度贫穷和不利地位为由的紧急避难、非法胁迫和责任能力减弱抗辩的谋杀罪被告人都被我国法院拒绝了。法院承认这个富有的探险者的紧急避难抗辩只会加剧法律的歧视影响，表明法院对自身义务的漠不关心。

显然，如果没有合理、独立的法律理由否决被告人的紧急避难抗辩，这种论点将会是荒谬的。但反过来说，即使有合理、独立的法律理由支持被告人的有罪判决，忽略这一论点也是荒谬的。

理性与情感不应截然分离

现在来看看第一点：在我们对被告的同情感和关于其有罪或无罪的法律推理之间，真的有本质上的差异而没有交叉之处吗？伯纳姆真的认为他的法律推理拥有一种纯粹的概念吗？他花了很大篇幅甚至带有感情地讨论他称之为"多元社会"（见第62页）中的差异和不一致，他甚至坚持认为在法律的眼里这些多种多样的观点具有同样的效力。但是他难道没有注意到，这一结论与他对超越宗派、超越意识形态、超越感情、超越自然和历史的法律推理的信仰是冲突的？他实际上在告诉我们，在法律眼中永无正确的答案，然后又告诉我们本案的正确答案是什么。他承认人们拥有不同的背景和经历，那些东西塑造了不同的法律和政治哲学，但他又希望通过他所说的有关法律之要求的"更高层面"宣告超越歧异造成的困境。他有没有看到法律的要求本身就是一个不同人可以正当地对其持有不同观点的问题？我们就法律条文和先例进行推理，但是我们从老师和实例那里学习法律推理，而这些老师和实例完全置身于历史情境当中，并且体现着利益和社会背景的假定，我们永远不会完全向自己揭示这些假定，也永远不会完全摆脱其影响。我们的学习因为每个人对利害关系的不同理解、对意义轻重的不同认识，以及对正确行事的不同渴望而呈现出差别。

没有人可以在语境之外进行推理，语境总是影响着人们的推理目的和内容。语境包括这些因素：塑造了人们思维方式的共同体、影响共同体形成的历史因素、渴望得到表达的身体感觉、给人们限定了可用词语的语言、要求获得解决的问题、限制了可接受的解决方案的利益。不妨套用一下帕斯卡尔对信仰中的理性的评论：没有理性的法律是荒谬可憎的，而受限于理性的法律是不公平的和可憎的。少了感情，理性可能建造出死亡集中营；而缺少理性，感情就难以找到有效方式去抵抗。在健全而有建设性的思想中，甚至在法律中、数学里，理性和情感是协调合作的；它们之不可分离就如同曲调与节拍不可分离一样。将它们分离开来会使生活过分简单化，我们常常出于某些特定的这样或那样的目的这样做。这种简单化不是由理解与精确所激发的，而是来自基要主义和对复杂性的恐惧。如果法律不过是由推理规则所联系起来的行为规则，那它就会变得简单些，但遗憾的是，法律和生活一样复杂而充满细节。

理性不是来自上帝，情感也非来自 DNA，就像法律本身一样，二者都是文化的产物。法律不能超越文化和整个人类语境，当有这样的企图时就会产生歪曲和片面化。被告人当然要被根据法律做出有罪或无罪判决，并且只能根据法律本身。但是那并不意味着，被告人只能根据理性被判决有罪或无罪，好像它就是法律的要求似的，甚至也不意味着它是可能的。我们对被告的同情抑或不同情是法律推理的推动力量；我们不能从中抽身而退，如果我们试图那样做，就会丧失我们的人性和法律。

我选择支持有罪判决。

観点十二

设身处地

弗兰克法官陈词

　　假如法官发现自己在惩罚一个不比自己坏的人，他应该辞职。如果惩罚被告的法官都是在惩罚不比自己坏的人，那无疑是法律的耻辱。这就是我赞成宣告被告无罪的理由所在。

　　如果在场的话，我会加入抽签。如果我赢了，我会出力杀掉那个输掉的人，并且也会吃掉属于我的那一份。我无法谴责——更不要说处死——一个做了我也会做的事情的人。假如法官发现自己在惩罚一个不比自己坏的人，他应该辞职。如果惩罚被告的法官都是在惩罚不比自己坏的人，那无疑是法律的耻辱。这就是我赞成宣告被告无罪的理由所在。

　　我不能肯定我能把我本来会做的事和我希望自己本来会做的事区分开来。我希望我可以等到确实需要因紧急避难而杀人的最后一刻。但是我也希望我会极力主张用抽签的办法来选择一个受害人，平均地承担风险。我也希望自己拥有出一份力的勇气，并在杀人时完全参与其中。最后，我还希望我有保命的胃口。或许我会因为虚弱而畏缩不前，我不会假装确定自己将会做什么。但是如果我不能谴责那些做了我也会做的事情的人，那么我就更加没有理由因为他们做了我希望自己会做的事情而去谴责他们。

我听到我的同事们在问：我这样说有何权威依据？我的理由是什么？我听到他们在反对：我没有提出任何法律观点，我只是在说我也会做的事情，以及表达阻止我谴责不比我坏的人的顾虑。

我要回答的是，我完全可以让自己的反对意见披上法律的外衣，但是另一项顾虑使得我没有采取这种逃避办法。斯普林汉姆法官的长篇大论表明，给我的反对意见披上法律外衣并非易事。实际上，我采取斯普林汉姆的立场，但并不同意他的观点。不用法律外衣掩盖我在处理本案时起主导作用的激情对我来说意义非凡。看一看海伦法官和戈德法官之间的分歧吧。海伦实质上是在说，她会杀掉威特莫尔，而戈德则说她不会。但是她们用阻止犯罪的法律语言包装了这种自传体式的意见。我们不知道惩罚这些探险者会不会阻止其他在将来也堕入同样困境之中的不幸的人们，但是我们知道那会阻止戈德那样做，而不会阻止海伦——至少她们是这么说的。

我们可以推测对四个探险者——或许是五个——判处死刑会不会阻止我们将来做同样的事情。我并不是在批评这种想象。相反，我认为想象我们在一个假定的情形之中会如何行为是伦理生活的必要部分，并且也是构成仁慈、友谊、同情、怜悯、宽容、公正等品质的基础。我的观点是，这种想象或者自传体式的意见在以阻止犯罪为幌子加以讨论时合乎法官的真实职责，在得到坦率承认时亦同样如此。

在这种意义上，本案一点儿都不"疑难"。我知道我希望自己在洞里干什么，也知道从良心上我不能惩罚做了我也希望做的事情的人。但是在另外一种意义上，本案的难度如此突出和不同寻常，以至于在我的法官生涯当中，我第一次感到有必要抛弃司法客观性的面具，依靠无任何矫饰的自我意见来断案。

我赞成宣告无罪。

判决的道德启示

雷肯法官陈词

如果刑法的首要社会功能就是保护公民们免受犯罪所带来的特定种类的伤害，那对心理性免责事由的继续承认会加剧问题，而不会有助于问题之解决。

严格惩罚犯罪是预防犯罪最有效的手段

特朗派特法官认为紧急避难与这一案件毫不相干，探险者们的罪名成立，这一结论是正确的，但是得出这一结论的理由却是错误的。他争论说，谋杀罪的紧急避难抗辩与生命的尊严不相容，但即使确乎如此，这种意见也仅适合于到布道台去宣讲，而不宜在法院发表。紧急避难之所以与本案毫不相干，其理由在于，即使本案中的杀人行为极其必要，纽卡斯国惩罚那些杀人者也是合理的。

斯普林汉姆法官恰切地描述了紧急避难的一项法律功能，即它否定了犯罪意图，这使它成为一个免责事由。在我看来，它也可能是一个正当化事由，证明被告人选择了较轻的罪恶。紧急避难可以同时是这两种，去争论它到底是哪一个，就好像它只能是其中之一，既徒劳无益，又偏离问题之关键。

就其否定了犯罪意图而言，我们可以把紧急避难称为一种"心理性抗辩"或"意志力抗辩"。适用到本案中，它确认该被告缺乏立法机关所欲惩罚的心理状态。但紧急避难同时是一种不否认对方指控的事实主张，只是证明为何被告不用承担责任或应该减少责任的"积极抗辩"，因此，如果被告主张紧急避难，那就承认了他实施了立法机关欲禁止的行为。

现在的问题就是，如果一个被告人实施了一个被禁止的行为，但同时又没有一种可惩罚的心理状态，那么我们应该判决其有罪，还是宣告其无罪呢？对这一问题的惯常回答是我们应该宣告其无罪，但是根植于我们社会的道德、法律和政治标准决定了这种惯常观点有很大的问题。本案给我们提供了一个很好的机会来推翻这一惯常规则，从而更忠实地遵守我们共同的标准。

如果我们不承认心理性的或者意志力方面的任何理由，对所有那些实施了禁止行为的人都进行惩罚，那么我们就实现了三项具有重大社会意义的目标：第一，我们将会把大街上的危险分子一扫而光；第二，我们会缩短审判时间，让惩罚来得更为迅速且少有遗漏；第三，我们将会有力地阻止其他人做出同样的行为。无数的研究表明，同惩罚的严厉性相比，惩罚的迅捷性和确定性在防止犯罪方面更为有力。

废除免责事由有助于减少犯罪

　　如果刑法的首要社会功能就是保护公民们免受犯罪所带来的特定种类的伤害，那对心理性免责事由的继续承认会加剧问题，而不会有助于问题之解决。即便"适用免责事由是有理由的"，那它也是源于次要的社会政策，它没有保护公民免受犯罪侵害的社会政策那么重要。

　　我们不愿去惩罚那些缺少必要犯罪心理状态的人，背后的理论基础是：惩罚的威胁并不会威慑到儿童、精神病人，或者因为无知、错误、强迫以及紧急避难而做出某种行为的人。的确如此，但这是两码事。根据得到证实的有害行为对这些人进行惩罚，会保护我们以后不会再受其扰，同时也会阻止其他人犯罪。如果公民们知晓刑事审判中不会承认任何免责事由，只要做出禁止的行为就会被定罪，那我们可以肯定地说，努力遵守法律的人会比现在多得多。

　　相反，如果公民们知道自己可以使用某些心理性或者意志力免责事由，那么许多人就会不那么害怕刑罚了，而且，许多并没有资格运用这类免责事由的人会通过使用狡猾诡辩的诉讼策略被无罪开释。大多数心理性或者意志力免责事由甚至连专家都无法确切界定，或者无法以坚实的证据证实有还是没有。因此，正如在最近这些年里我们已经看到的，允许使用这些免责事由会导致催生一整个钻研陪审团咨询、民意调查、专家作证、症状记录、对指控吹毛求疵、转移指责、否认责任、反指控等辩护手法的产业，从这些免责事由中渔利。

如果我们倾向于接受废除心理性或者意志力免责事由的原则，我们无须说惩罚儿童或者精神病人本身是好事。我们只需说，这样做的好处大于其成本。如同所有的惩罚一样，对他们进行惩罚或许是令人遗憾的，但仍然是正当的。当一个被告人实施了被禁止的行为，但是可以证明其患有精神病或者是出于紧急避难而为之的时候，我们显然面临着价值的冲突，不必自欺欺人地说案件非常简单。废除那些免责事由的原则并不否认这种冲突是真实存在的，它仅仅是用一种方法而非另一种方法解决了这一冲突。但是，大多数公民都会同意，与仅仅因为做错事的人缺乏所谓犯罪意图那一模糊不明的心理状态就让他们逍遥法外相比，减少犯罪是更为重要的社会政策。

同样，在支持这一原则时，我们也无须说威慑是刑罚的唯一甚或首要的理论基础。我们需要说的仅仅是，它确实是惩罚犯罪的一个真实理由。这里和其他地方所援引的支持这一基础原则的论据的分量已足以使天平向威慑的这边倾斜。其他可能内在地支撑各种免责事由和正当化事由的有关刑罚的理论基础，则必须通过社会利益的细致比较来证明自己应该被考虑的程度。

这一论点既适用于免责事由，也适用于正当化事由。与确定被告有没有一种大概的心理状态一样，要确定被告是否选择了一种相对较轻的恶也会遭遇重重矛盾，引发诡辩、吹毛求疵和专家意见分歧，并且因此导致问题之解决成本高昂，而且结果任意多端。

犯罪是非常昂贵的，它造成了财产的减损、预防和侦查犯罪的科技投入、保险赔付、警察薪水、律师费用、监狱和法院的成本、心理创伤、机会损失。而且，因为犯罪行为的存在，我们不得不支付高昂的代价采用某些措施和制度，不得不与它们共处的我们在生活中遭到种种限制并做出种种妥协。减少大量犯罪对于社会财富和幸福的巨大贡献，与大幅度减少疾病或者战争的贡献可以相提并论。当然，有些罪犯比较不幸，但即便是他们也会选择减少犯罪，生活在一个大幅度改善了的社会中，而这种社会的形成依赖于他们像一个公正的宪法缔造者那样做选择，不去考虑可能把他们带上犯罪道路的现实社会中的灾祸、压力和利益。较保留心理性和意志力的免责事由而言，废除它们在道德上更为有益，在物质上更有利于促进生产和高效配置资源，在政治上亦更可接受（这建立在更为广泛的同意基础之上）。在民法中，过错制度可能最能满足这些标准，但在刑法中，无过错制度最能满足这些标准。

我们提出的原则会使犯罪行为的严格责任成为一种常态而非例外。但是我认为"严格责任"这一措辞会在未加阐明的情况下损害传统的法律思想。因此我倾向于将这一原则的理由建立在减少犯罪和使社会满意度最大化的强大基础之上，而不使用具有煽动性的标签。

但是本法院又一次拒绝了废除犯罪行为的免责事由和正当化事由的建议。所以目前我不得不断定，如果紧急避难被证明是成立的，它足以判决被告人无罪。因此，我同意伯纳姆和戈德法官的意见，即本案被告并非出于紧急避难而杀人。

被害人再等几天的请求被漠视

有几位同事怀疑惩罚被告人会不会"实现"关于谋杀罪的法律的"目的"甚或刑罚的目的。伯纳姆法官没有回答这一问题，戈德法官的分析虽然正确，但是对防止犯罪的讨论还不够，不足以说服——比如——弗兰克法官。我要就威慑问题说上几句，尽管我知道那肯定不足以说服像弗兰克那样的人，既然他已经放弃了自己的理性，甚至还坦白承认了这点。

惩罚犯罪是对理性犯罪的威慑

惩罚犯罪最为合理的根据，是防止犯罪人占守法公民的便宜。遵守法律的好公民爱好和平，不实施暴力，这既是他们守法意愿的原因，也是其结果，因为法律禁止暴力。但是社会上大部分拒绝暴力的公民为那些不安分的公民制造了机会，拒绝暴力的人们很容易成为受害人。在这种意义上，良好法律和善良公民创造了诱惑，这些诱惑实际上滋生犯罪并为之提供机会的温床。阻止犯罪的自然因素是不存在的，原因非常简单，这种犯罪是理性的，罪犯通过犯罪行为所获得的远远超过其所失去的。（如果缺乏一种特定的阻止因素，即使每个人都是圣洁的，我们也无法避免这种犯罪，除非圣徒是非理性的；但是无论如何，让每个人都成为圣徒并不是这一问题的"自然"解决方案。）唯一的阻止因素就是并非自然产生的、人类所发明的惩罚。

是好人诱发了犯罪，这句话是对的，尽管听上去显得有些自相矛盾。但是断定唯有惩罚才能让罪犯三思而后行，则毫无矛盾之处。没有惩罚，犯罪就是值得的，会计算利害得失的人就会被诱惑去犯罪。

冲动的行为人不会受到任何法律条款的威吓，但是理性的行为人会受到惩罚的威慑，这种惩罚的严厉性虽然被实现的可能性打了一点儿折扣，但仍然超过了可以预期从犯罪行为中获得的利益。另外，有点儿不可思议的是，惩罚犯罪倾向于将冲动的行为人变成可以受到威慑的理性的人。（但是这种转变是缓慢并带有偶然性的，因为冲动的人不够理性，不会被理性的考量迅速改变过来。这种转变要在众多的人口中，经过很长的时间才能显现出来，而不是在个体身上表现出来。）

守法的人们给彼此带来和平和自由，这是公民生活的至上之善。同时，他们除了给罪犯带来和平与自由之外，还给了他们唾手可得的作案机会。如果这种双重获利的确存在，那将会诱使所有的理性行为人变成罪犯，至少起初会是这样。但是理性行为人将不得不思考，如果他们都犯罪，那任何人都既不再拥有和平与自由，也不会有唾手可得的作案机会。

什么是"囚徒困境"

将是否守法说成是一种囚徒困境，是一个不太专业的说法。囚徒困境这一术语来自被警察关押的两个共同犯罪的囚徒的情形。假定除非有一个人提供证言，否则警察只拥有充分的证据去指控他们犯了一个较轻的罪行。如果两人被分开审问，那每一个人都必须决定，是背叛他人挽救自己，还是撒谎辩解，并且希望同伴也这样做。如果他们彼此支持，都向警方撒谎（学者在谈及此问题时喜用的说法是"如果他们合作"），他们都只会受到较轻的罪的指控，最终被判轻微刑罚，比如，一年。如果他们彼此背叛（如果他们都变节），每个人都指证对方犯有一个严重罪行并且愿意作证，那他们都会被定罪，比如，每个人都要在监狱里头待上三年。如果其中一个背叛了另一个，而另一个人没有背叛对方，那么这个背叛者就因为告别人而被豁免释放，另外一个倒霉蛋则因为被抓住撒谎，被判了那一严重罪行的最高刑罚，比如说，五年。体现我们刚才所做的假设的表格或者利害矩阵见下表：

		罪犯 B	
		合作	背叛
罪犯 A	合作	A 获刑一年	A 获刑五年
		B 获刑一年	B 获释
	背叛	A 获释	A 获刑三年
		B 获刑五年	B 获刑三年

当然，具体的数字不一定非要是为了举例而选择的那些数字；但是相对的数量必须与此处所举的例子一样。出卖合作者的背叛者的结局比共同合作者的结局好，而共同合作者比双重背叛者的结局好，双重背叛者又比被出卖的合作者的结局好。被出卖的合作者是我们最为关心的一种人，我们不妨简称他们为"笨蛋"。

遵守刑法是一种囚徒困境，因为最大的利益让利用或背叛守法公民的犯罪分子攫取了；他们享用着自己攫取的好处，又享受着守法者所带来的和平与自由。第二大获利的是守法者，或者合作者，他们给彼此带来和平与自由，但是没有犯罪所带来的好处。再次是互相侵害的犯罪分子，他们享受着自己带来的好处，而享受不到别人从他们那里拿走的好处，并且当然也没有守法所带来的和平与自由。处境最惨的则是那些"笨蛋"，即受犯罪所害，而又享受不到因自己犯罪而得到的补偿的守法公民。

我们讨论囚徒困境的技术细节的原因就在于，它能简洁而又精准地确立以下命题：（一）只与合作者进行合作是理性的；（二）背叛背叛者是理性的；（三）守法公民会成为笨蛋；（四）假如背叛是理性的，那么除了与之相当的惩罚，没有任何威慑力量。

如果我们接受了被告人出于紧急避难杀人的意见，我们就一定要判决他无罪吗？如果这是理性的背叛者把守法的合作者当成笨蛋的那种犯罪，那么为了让背叛的成本比合作的成本更高，威慑未来处于相同情形下的那些理性背叛者，惩罚就是正当的。

本案也是一种"囚徒困境"

现在我们可以假定探险者们是理性的成本收益计算者。其中一个证据就是他们花了很长的时间去讨论抽签的数学问题。另一个证据是，即使是轻率鲁莽的人都倾向于寻找自己的利益所在并争取得到它。因此，如果这些探险者们是理性的罪犯，那么问题就变为，他们是不是需要惩罚的那种罪犯，也就是说，是不是利用了守法公民的道德良知的那种罪犯。

答案是肯定的。探险者们表明，他们故意杀死了一个不想杀人的人。他们故意背叛了一个合作者，把一个守法公民变成笨蛋。当威特莫尔退出抽签，并表示他想再多等一个星期时，他实际上说的是，他希望遵守法律，而不是去谋杀。这至少使得他们在一周内不会受到威特莫尔的威胁。但是他们是如何运用自己的安全和自由的呢？他们利用了这种安全和自由，代价就是杀掉一个使之成为可能的人。

这是背叛者利用笨蛋的经典案例。因此它也是这样的一个经典案例，其中惩罚是正当的，目的在于使背叛的成本不断攀升，直到超过合作乃至做笨蛋的成本。当且仅当那时，我们才能期望一个理性行为人选择合作。只有惩罚才能让这种情形下的理性行为人遵守法律。

正如分别受审的犯罪伙伴感到囚徒困境的压力一样，公民们在决定是否遵守法律时也会感到我们已经描述过的那些压力。但是我们当然无须声称公民们和囚徒们都清醒地计算出了细致的利害得失矩阵，我们只需说，历史表明，会促使假定的理性的得失算计者遵守的法律，从长期来看往往也能被现实人类所遵守，即便有欲望、利益、遁词、妄想和诱惑干扰着他们进行理性思考。

意识形态不应左右法律

在结束之前，我还想回应一下海伦法官，她试图通过推翻联邦诉冉阿让案来强化紧急避难抗辩。她宣称，冉阿让案的判决是错误的，因为它反映了法院和刑事司法体制的"阶级偏见"。她希望用一个法律原则来代替它，该原则确认当私人慈善机构不足以改善贫困时，国家有责任采取行动，并且为实施犯罪行为的"绝望穷人"开脱，因为国家没有很好地履行自己的义务。

她反对冉阿让案是因为该案立足于意识形态而非法律，还是因为它立足于坏的意识形态而非好的意识形态呢？她认为国家应该改善贫困并且宽恕因它所未消除的贫困造成的犯罪。确切地说，她的这种观点并未写进我们的宪法。它并非法律，而只是一项政治建言，是一种政治意识形态。因此，如果她反对冉阿让案是因为它是意识形态的，那么她亦必须反对自己的替代方案。如果她反对该案是因为它是一种坏的意识形态，那就承认了她自己的选择也仅仅是另外一种意识形态。无论是哪一种，她都削弱了自己的建议。

所有这一切是最具有讽刺意味的，因为她知道伯纳姆反对司法造法，反对司法诉诸法律之外的正义，她试图明确回应这种反对意见。但是她对伯纳姆的回答仅限于声称法官应尽可能采用更好的政治意识形态，因为它会让法律与理想正义离得更近。这即是说，法官应该像立法者那样行为，而这正是伯纳姆所反对的。海伦不但避开了我们法律制度中法官的有限与适当角色的问题，她还试图确立一个先例，这个先例其实会反对她自己的正义观。因为如果她所偏好的意识形态体现在立法之中，她会希望司法机关忠诚如一、前后一贯和自我约束地加以适用，而不是推翻、事后批评或取而代之。出于同样原因，她试图确立的先例，会让人们希望立法可以体现正义的想法落空。

对于那些与海伦法官怀有相似信念的公民来说，只要她的意见朝更为公正的法律制度迈出了实质性的一步，即使违反了司法宣誓和民主精神，也没有什么关系。遗憾的是，我认为她的意见并没有迈出这一步，但是要说明此点，只能模仿她将司法意见委诸空泛的个人政治观点的做法。这是我所不愿做的。但是我可以合乎逻辑地认定，她的论点是一种标准的特殊诉求。她认为有诸多理由去反对冉阿让案判决而赞成一种替代方案，好像人们提出的其他法律原则就找不出一些理由似的。她有没有考虑过赞成冉阿让判决、反对她的选择的理由呢？从来没有。她比较过福利与市场，或者管制与效率，究竟哪种才是向穷人表示同情并提升他们的生活质量的更优途径吗？也从来没有。她提出了一种偏好，但是没有论据；她是一种思想的狂热支持者，而不是一个寻根究底的人；尽管她谈到歧异与多元，但她并没有认真地考虑这种不一致。历史告诉我们，这种煽动之词从来不会有什么好的社会影响。如果有好的影响的话，那么历代人的经验结晶就会告诉我们，应该让如她一般的非凡天才，而非历代人的经验结晶来设计我们的政治制度。

法官怎能凭常人之心履行职责？

最后，我必须对弗兰克法官的奇谈怪论做出回答，他认为不能惩罚一个做出他自己在相同情形下亦会做出的行为的人。根据这种观点，要想有效地实现正义，法官必须要成为天使。但是，恰恰相反，法律的首要假定就是法官也是凡人；这一简单事实实际上解释了法律的所有困难、有趣和重要之处。法官不需要拥有罪犯所缺少的品质。他们所需要的品质，是清晰准确地理解法律，并勇敢和前后一贯地适用法律。如果有这样的品质，那他们的其他缺陷无论如何之多或者如何反社会，也不会影响到他们的判断。我可以毫不费力地设想因为某种我也拥有的缺陷去惩罚被告人。假定我在周末吸食大麻。我可能对自己的这一缺点感到悔恨，并且希望自己可以戒掉。或者我也可以支持立法机关，希图以刑法来禁止我和别人的这一恶习。我甚至还可以为我的癖性而感到自豪，同时满腔热忱地支持改变这些法律，但我仍然认为自己作为法官的义务就是服从立法机关的决议，只要其行为没有僭越宪法权威。出于其中任何一个理由，我都会判定一个违法使用管制物品的被告人有罪。这不会让我成为一个伪君子，但会让我成为一个好法官。好法官要搁置个人的弱点，根据法律和案件事实做出正确判决。弗兰克法官的踌躇不定将会摧毁我们希望拥有一个法治政府而非人治政府的所有理由。此外，他暗示，在迄今为止他做出对被告人不利判决的所有案件中，他总是处在一个"能扔出第一块石头"的位置上——这一宣称既难以置信，又毫无必要。

我投票支持有罪判决。

利益冲突？

邦德法官陈词

　　案件疑难意味着法律帮不上忙，欠缺法律规定意味着自由裁量权无可避免，自由裁量权意味着超乎法律之外的道德标准必须纳入案件解决的过程中。

我回避的理由

　　这个案子我得回避。四十五年前，当我还在做执业律师的时候，我的律师事务所的一位原合伙人代理了一件案子，主张一种电压表的专利不能成立，这种电压表被用于制造洞穴探险者的无线电设备所使用的电池，但是官司输掉了。部分以我的资金聘请的一位私家侦探证实，有专利权争议的这种电压表，一贯被用来例行检测五十年前探险者们的无线电设备里使用的那种电池的电量。

　　我本可以就此打住，不再作声。但是，不止一位我的同事私下里反对过我的决定。他们基于两个方面的理由：一方面，我跟这个专利权诉讼的案子实在没有什么关联，不应当回避；另一方面，那种电池跟这个案子本身没关系。对于第一个理由，我不做评论。在我们联邦里，法官凭自己的良心，只要觉得真的存在或者表面上存在利益冲突，自己就可以回避，即便其他敏感人士或者知悉此事的人并不这么看。来源于一个人良心的指令，不必得到他人的认同。如果一定要他人也感受到这种指令，那么凭良心回避就无法起到它在我们的法律中所要起到的作用了。

但是，在第二个方面，我要采取一种罕见的方式详细解释我回避的理由。面对这样一个媒体密切关注的具有重大法律意义的案件，我必须说清楚我不是害怕面对一个困难的判决。这样，当事人和公众才会理解我。我只讲那些非常必要的理由，把与电池的关系说清楚就行了。我不会滥用回避权。否则，虽然名义上不插手判决，但实际上还是给出了我自己的意见。然而事与愿违，关于此案与电池的关联度的说明，还是没法做到简短。

自由裁量权不可避免

这是一桩疑难案件。

我的同事各有各的看法，有的认为这起杀人行为属故意，有的认为这起杀人行为并非故意。不同观点的截然对立本身也足以证明，他们争论的是政策，而不是语词。用来修饰限定谋杀的"故意"一词有一种规范的、标准的含义。就既定和标准的含义而言，其核心意思在于有预谋、有意向和自愿。但是正如其他每个形容词一样——比如，"秃头的"或者"个高的"——这个词的外延开放，使用范围很宽，在很大一部分领域，我们不敢肯定这个词是不是使用正确。如果一个人的发际线已经往后退了很多，我们可以任意地称他"秃头"或者"不算秃头"。我们爱怎么说就怎么说，没有人会指责我们说错了话。

这个案子恰恰就涉及"故意"这个词使用范围的开放性。我们称这起杀人行为是"故意"或者"非故意"，都不会导致误用这个词。法官们的歧见也充分证明了这一点。要知道，法官们都学问精深，使用的又是母语。（如果伯纳姆和戈德法官认为"故意"一词用来形容这起杀人行为很正确，而斯普林汉姆和海伦法官的看法则相反，那么这个词清楚的含义究竟有多清楚呢？）但是，如果在语言上把这起杀人行为称为"故意"或者"非故意"都同样忠实于事实的话，那么这表明，我们不能再指望从"故意"这个词当中获得下判决的什么指引了。

然而，（如在本案中，杀人事实已经得到承认的情况下，）我们关于谋杀的法律条文正是通过"故意"这个概念来认定有罪或者宣告无罪的。如果我们不指望从"故意"这个词中获得进一步的指引，那么我们也不能指望从立法当中获得什么指引。在这起案件中，我们的法律十分例外地插不上话，束手无策。这么看来，这是我们所谓的"疑难案件"的一个极好范例。

法律允许负责地适用自由裁量

给一个相关法律规定模糊、不一致或者法律没有规定的疑难案件下判决，唯一的办法就是找到法律之外的一个道德标准。这并不是犬儒或者煽动的说法。眼下，它不过是清楚说明了案件疑难意味着什么。案件疑难意味着法律帮不上忙，欠缺法律规定意味着自由裁量权无可避免，自由裁量权意味着超乎法律之外的道德标准必须纳入案件解决的过程中。然而，求助一个法律之外的道德标准，把那些具有某种政治倾向的同事给吓坏了，因为这个办法打开了通向法官造法的大门——在很多国家里，这是一个职业上的禁忌，也是我们过去革命、流血和痛苦的一个缘由（见第25至26页基恩法官的意见）。

但是每一个这样的疑难案件都不可避免地打开了这扇门。这扇门其实是事情本身的性质决定的：立法者也是人，他不可能用一张法律之网将复杂多样的生活尽数囊括其中。即便立法者慧海无边，他们也会受到自身语言的限制。立法者必须用语词来表述他们的规则，但是由于其质的规定性，语词所蕴含的语意无非包括其核心意思和周边开放空间所包含的意思。生活的种种情节不可避免地会落入这种语词周边含义构成的开放空间中去。在本案遇到的情形当中，立法者没有细致充分地阐明纽卡斯国在判决被告人犯有谋杀罪时所必须证明的心理状态。在另外一些疑难案件中，立法表述不够精细的问题还有别的一些表现。但是，没有任何一种可能的刑法典修正案可以充分涵盖生活中的全部可能性，可以彻底修正原先立法中的语词模糊和外延开放的问题。

因此，我的那些害怕司法自由裁量权的同事，就像那些怕死的人一样。他们都在害怕无法避免的事情。解决的办法不在于对不可避免的情势痛心疾首——这是明显幼稚的应对措施——而在于平息我们的恐惧，承认自由裁量权不可避免，竭尽全力去避免滥用自由裁量权。自由裁量权确实含有法官冒用或滥用的风险，但是负责任地运用它，并不会必然变成自由裁量权的冒用。

雷肯法官的意见恰巧无意中体现了我的观点。他害怕以司法造法为名义的自由裁量权，并批评海伦法官诉诸它。但是他自己又诉诸它，说明了自由裁量权是无法避免的。因为如果海伦有关贫穷、社会正义和国家责任的结论反映了她的政治意识形态而不是当下的法律，那么雷肯关于废除心理免责事由的建议、对于无例外严格责任规则的偏爱，乃至他赋予减少犯罪这个目标的优先性，又是什么呢？

对于伯纳姆和雷肯而言，自由裁量权是要不得的。不是因为它碍手碍脚，正相反，是因为它让法官无拘无束。但是如果按照伯纳姆和雷肯的意思办，并不可思议地不让法官采用任何可能会让通情达理的人自由提出异议的方法，司法的事业将会走向停滞，即便他们可能会拿更符合他们喜好的法官来替换掉他们认为是僭越者的法官。在这种情形下，法官们只会适用那些可以机械适用的法律。但是有人可以举出这种法律的例子吗？只要有一个字需要解释便不能适用法律条文的法官们，当然也是判不了疑难案件的。这样被迫退避三舍，难道就是他们津津乐道的法官们应当扮演的适当角色吗？（见第 60 页伯纳姆的意见，以及第 155 页雷肯的意见。）

斯普林汉姆法官辩解说，成文法的解释，虽不属机械解释，却是在一些标准的指引下进行的；因为法律已经包含了所有相关的标准，我们不需要诉诸自由裁量权或者法律之外的别的规范来判决，即使是疑难案件亦复如是。这就是说，法律绝不会有模糊、缺位和不一致之处，相反它是无所不包、复杂精致的。但是我们有点儿咬文嚼字了。因为，一方面，当依已经存在于法律当中的标准并不能机械地导出一个单一结果时，法官是自由的，而这恰恰就是"自由裁量权"的题中应有之义。另一方面，当依已经存在于法律中的标准，能够导出这样一个结果而无须法外规范襄助时，这个过程确实是机械的。但是，在司法实务中，这个过程不会是机械的，因为法官也是人，他们的时间、能力、学识和精力不足以将卷帙浩繁的法律中的所有相关因素聚合起来，并最终水到渠成地得到那个唯一正确的结果。如果承认这一点，那么坚持说法律已经包含了所有相关的标准——就算这种说法是对的——便毫无意义。因为法官是人，能力有限，他没法弄清所有这些标准，他必须创造性地开发出一些可资适用的标准，在他眼中，法律看上去就是模糊的、有漏洞的，或是前后矛盾的。新设创造性的标准，也恰恰是"自由裁量权"的题中应有之义。

尽管我已经将自由裁量权同僭越司法权区分开来以安抚那些害怕自由裁量权的人，我还是相信比起安抚恐惧感来说，更有建设性的是用希望和勤奋工作来消灭这种恐惧。我一点儿也不担忧自由裁量权，相反我欢迎它。自由裁量权本身足以让我们发现在法律模糊、缺位、不一致造成的疑难案件中（根据定义），恰当的判决存在于何处。如果一个疑难案件是由于立法者不曾预见或者不曾用立法语言做出决断造成的，那么这个案子的疑难意味着法官将"第一次"检视这个案件带来的争议焦点，如果确实必须要有人去检视的话。这就使得自由裁量权成为一种探求正义何在的宝贵机会，而不是一个令人沮丧的可能会僭越司法权的冒险行动。自由裁量权让我们直接面对让一个案件变得困难的特别之处，并针对个案和难点提出解决方案。

也许有人会反驳说，这种案件并非完全不为立法机关所预见。在探险者案 I 发生后，立法机关内部已经有数人上交提案建议修改有关杀人罪的法律条文。立法机关在反对意见中说，实质上，现行关于杀人罪的立法足以对付这些不寻常的情形。与这一主张形成对比的则是，在探险者案 I 中，并没有依据可以声称存在可指引裁判的立法目的。尽管立法机关意识到了洞穴困境，立法本身有所考虑的这种观点有其事实基础，但它并没有证明那一足够具体和明确，以至于使自由裁量权成为不必要的立法意图是什么。立法机关的本意是在这种情形下探险者有罪应当被处决？我们不敢下这个结论。看起来，立法者多数对探险者案 I 的结论是满意的。但是，立法机关未修改法律可能是基于以下事实：希望修改立法以确保对这类案件能做出有罪判决的一方，与希望立法可以导向判决无罪的一方，两边所造成的影响互相抵消而中和掉了。另外，立法机关知道，法律条文的字面含义是支持应无罪开释的几种合理说法的。基于此，即使是对探险者案 I 的结论满意的多数派，也有合理的理由修改法律条文，以确保其立法意旨将来不会被误解。因此，立法机关不修改法律要么会让人们怀疑多数派的立场到底是什么，要么让我们又去面对探险者案中我的同事们所面对的不确定性。不管是哪一种，我们必须忽略因为没有修改法律这一明确事实而造成的复杂问题，并且思考问题时假设立法者没有表明任何可以指引我们的立法意图。

如果要缩小自由裁量权，那么我们无法依靠寥寥无几的几个被反复讨论过并被扩大解释的表明立法者意图的细节，也无法依靠有所歪曲的对其他法律部门的规则的类比——所有这一切都是为了支持我们一厢情愿的想法：认为立法机关事实上的确对这类案件有某种倾向性。但是，一旦我们确认这是一个"疑难案件"，就眼下这个案件我们所知的，是立法机关事实上从未预想到此案，不曾研究过这个案子中的争议焦点，也不曾就被告在这类案件中是不是杀人犯、应否受到惩罚下过结论。因此，在疑难案件中，立法机关的倾向性不存在，对于法官来说，针对事实和争议焦点的司法考量才是唯一可行的出路。

关于自由裁量权的这个观点可以很好地回答基恩法官提出来的质疑。他认为，成文法要求我们治探险者的罪，尽管我们在道德上对此有所保留。当他承认他自己在道德上有所保留的时候（见第 26 页），他似乎因为治了探险者案 I 中四个被告的罪而感到某种愉悦。他甚至坚持认为，对于法官而言，不问后果地执行恶法，"也许具有特定道德价值，因为它可以使人们认识到自己对最终意义上由自己创造的法律所应承担的责任，并提醒他们没有任何个人的恩典能减轻他们的代表所犯的错误"（见第 31 页）。简言之，法官应当尽力促成不公正立法所造成的非正义。只有这时人们才可能清醒，才会迫使立法机关改变所立之法。他辩解道，这样做比法官自己来改变法律规定要好，好像这两者是非此即彼的。

好在自由裁量权有个好处，它不会在很大程度上"改造"法律，同时让不确定的边缘地带变得确定。借助自由裁量权，如何把法律适用于某种尚未预见的案件的方案，就可确定下来了，而不是相反。这是司法权该干的事儿，因为它是把一般性规范适用到具体的案件当中去。如果立法机关的确修订了法律，这仍会留下新的开放性的解释空间，还是需要运用司法自由裁量权才能解决问题。基恩力图靠他那些抽象的原则来将四名被告正法。这样做的确会唤起公众的注意，并进而呼吁修订法律，尽管并没有最终成功。要知道，在一个文明进化已到相当程度、可以在法院之内解决争议的国家里，我们不会通过人的牺牲来换取法律的改进。

新"社会契约"源自被当前法律的拒绝

上面已经证实，尽管自由裁量权有危险性，但是它仍是不可避免且值得欢迎的。现在，我应该细致彻底地研究相关的道德和政治原则了。这些原则对审理本案的好法官的自由裁量可能会有指引作用。但是，为了将论述的范围限于无线电电池之于本案的相关性，我只能详述这个研究当中的一小部分。

不止一个同事发现这一事实与本案有关联，即从大螺旋之后第一阶段之中的浩劫里活下来的人订立了明明白白的契约，建立了我们的联邦政府。但是，正如所有的社会契约理论家认识到的那样，除非原来订立契约的各方有权退出他们所在的国家或者主权范围，解除同原先政府的关系以同别的政府建立新关系，否则一张社会契约是不能造就一个政府的。但是，如果我们的先人可以从他们原先的国家或者主权国那里脱离出来，那么现在的纽卡斯国国民也可以这么干。因为，还有一种社会契约学说认为，建国的那一代人并不应该拥有比他们的后代更多的自由。

说到这里，我要引用福斯特法官宣扬的论调，他是第一个宣扬这种论调的人。他认为，这些探险者在他们的洞穴里为他们自己拟定了一个所谓新的政府宪章（见第11页）。可我说得更直接、更明白：这些探险者脱离了纽卡斯国的统治并在洞穴里建立了一个新的社会契约。一个拥有不同历史的国家也许会嘲笑我们竟抱有这样的理论。但是对于纽卡斯国人民来说，人们退出一个国家并建立一个新国家的场景，并非一个爱国故事或者神话传说，而是我们用来告诉大家我们遵守法律是因为合意和契约的最基本的方法。对于我们而言，我们遵守法律的义务并非绝对，并非源于理性或者上天。这个义务源于在某个时间点上发生的实实在在的历史事件，这类事件可能还会再次发生。正是这种退出与重建、放弃和重聚、革命和复辟，解释着我们的法律和国民身份，在眼下这个案件中我们看到的是其微观体现。

简而言之，探险者在洞穴里展开了一场和平的革命。在决定这是什么造成的时候，我必须小心谨慎，不能跨越我的许可权给出一个绝对的意见，比如，断言这种不流血革命意味着他们不再归纽卡斯国的刑法管辖。

在他们制定我称为社会契约的那个章程时，他们通过无线电请求听到对他们抽签计划的法律裁决。这表明他们愿意，甚至是渴望，遵循纽卡斯国的法律。联邦没有回应他们的询问，这沉默向他们释放出了一个信号。他们见政府没有回音，就关掉了无线电，自主决定是否采纳同他们原来所在的纽卡斯国的契约不同的新契约。在主动关掉无线电三天之后，他们杀死了威特莫尔。在那三天里，我敢肯定，他们为脱离纽卡斯国的法律并制定决定人们生死的替代性法典举行了某种正式仪式。

我想，对此看法的反对意见有三个。

一、如果他们曾试图通过无线电询问并遵守纽卡斯国的法律，那么他们不可能打算退出原来的国家组建新国家。

这个观点忽略了事情发生的先后顺序。是的，他们一开始是力图遵守我们的法律。但是当他们无法从我们这里得到关于这样做的帮助的时候，他们做出了新的不同以往的决定。他们再也没有什么兴趣来询问我们的法律。因为后来发生的事情，他们最初的意愿来了个一百八十度的大转弯，不仅如此，很明显，是联邦未尽到义务才让他们改变看法的。大而言之，我们国家的法官和官员们，也就是我们，必须负起责任，是我们拒绝他们进入我们法律的大门。我们的神职人员也没有对探险者的要求做出回应，他们也一样有责任。这两次错误，造成探险者们既没有宗教上的规范可依，也没有国家的法律可循，他们只好依靠自己制定的规则——一个新的社会契约。

二、立法机关的巨额拨款部分承担了营救行动的费用。这表明联邦对他们还是承担责任的，视他们依然属于这个社会。

这个反对意见很容易反驳。这顶多表明了联邦的态度，而不是探险者们的态度。无须纽卡斯国的同意，探险者们也可以来场有效且彻底的革命；事实上，纽卡斯国若同意，就没必要革命了。第二，很明显，在洞穴探险者协会的资金用尽以后，联邦的资金才会用于营救。这表明立法机关一心想的是，不要去动用公众的钱，除非情非得已。第三，联邦必定也会把大家的钱用去营救困在中央高原洞穴里的外国公民，而不会因此要求这些倒霉的探险者加入纽卡斯国的国籍。

三、最后可能的反对意见，是纽卡斯国的法官在这种情形下无法恰当地将我们的法律浓缩为一个句子，来回答探险者们通过无线电提出的问题。探险者问，通过掷骰子决定把他们当中的某一位杀了吃掉合适不合适。基于我自己关于语词开放性和自由裁量权的观点和我们一些分歧之处，可以说，纽卡斯国的法律对探险者们的问题没有简单明易的答案。那么，面对这一情势的法官回答探险者们法律是如何规定时，肯定会误导他们。因此，反对意见又会认为，我们不能责备纽卡斯国没有做出回应，也许不做回应比最高法院九个大法官拿出充满争议的判决文书更有帮助，更能稳定人心。

　　尽管这个反对意见表面看来很有力，但是它还是没说到点子上，很容易被驳倒。第一，我们政府里没有任何官员回答探险者们的问题，哪怕是尝试一下都没有。如果一位官员向他们提供了意见而他们也采纳了，但是后来本法院的成员发现这与实际法律规定不符；或者是一位官员提供了正确的处理意见，但他们没有听，这样的话这个案件就完全不同了。但是，事实是没人打算去回答。第二，这里的关键不在于做出一个正确的回答容易不容易，而在于他们是不是有理由放弃纽卡斯国的法律，转向他们在洞穴里自己创制的法律。纽卡斯国在无线电里的沉默即使有一点正当性，或者优越于替代选项，也实际上构成了这样一个理由，使得那些人不得不全靠自己来应对他们所处的情境。

　　唐丁法官问："如果这些人超出了我们法律的约束……那这种超越发生在什么时候呢？是当洞口被封住的时候还是饥饿的威胁达到某种难以确定的程度，抑或是掷骰子的协定达成之时？"这么一问，就把福斯特法官最初的看法推到了一个荒谬的地步。也许福斯特回答这个问题有难度，因为事实上，他不断地在谋杀是在自然状态下发生的还是在一个新的政府宪章下发生的两种观点间摇摆不定（见第10至11页）。正如此处我们所概括的，这个理论提出了一个非常清晰和有说服力的观点：当他们同意掷骰子的时候，他们不再受我们法律的管辖，因为这时就是他们采用他们制定的新的取代他法的社会契约的时候。唐丁法官又打趣地问（见第17页）："这些人不受我们法律的约束……是因为厚实的岩石囚禁了他们？因为饥饿？还是因为他们设立了一个'新的政府宪章'，通过这个宪章所有的通常的法律规则都被掷骰子所取代？"同样，答案正是唐丁所列的第三项。如果福斯特遵照他自己所说的"新政府宪章"所暗含的理论，而不是把那种变革同向自然状态的回归混淆起来，或者是唐丁已经牢记制定契约就足以建立一个主权独立的国家这一每个合格的纽卡斯人从小学就学到的道理，唐丁也许不会再认为他的那些颇具修辞性的提问会成为归谬法（reductio ad absurdum）。

当他们快要饿死，还不知道纽卡斯国的法律提出什么样的要求时，他们就决定了他们自己要做的事情。这种对案件的解读，使关注点从探险者们的权利——比如，斯普林汉姆的自我保存的权利，特朗派特的要求平等的权利——转到了他们创制一部行为法典并忠实且一贯地遵守法典的责任。这是给偏于极端的观点的必要解药，也就是权利胜过包括责任在内的所有其他考虑。它表明，权利责任相互交织，难解难分，可以由同一个同意确立，也可以通过同一个掷骰子的行为体现出来。

这里，我不必再谈一些辅助性的问题了，比如他们的新法典是不是不偏不倚地源于将受其管辖的人的合意。如果我是在写一篇完整的法律意见，而不是仅就说明与电池关联度的部分做说明，我将深入探讨威特莫尔是不是从新合约中撤回了自己的同意；如果是这样，那么探险者们就是杀了一个纽卡斯国的公民，他们的行为因此要受我们的法律的管辖；从一个社会契约中撤回同意的念头会不会引出过分的老式个人主义，不能同社会契约的理念调和（就像是说个人塑造了社会，而不是社会塑造了个人那样）；

是不是探险者在洞里接受纽卡斯国政府提供的帮助——指政府对营救提供部分补贴——足以说明他们对纽卡斯国法律的默示同意；促使他们制定一部新法的理由，是雷肯法官所说的那种可以同情的让步性和技术性的做法，还是属于戈德法官所说的复杂情感混合物，抑或是属于内涵更丰富的、我们的先人借以制定契约、建立联邦的那一类。

电池在本案中不容忽视

严格来说，我的这一论点立基于探险者想法的改变。我们推断，联邦用默不作声来回应探险者们通过无线电提出的问题时，探险者的想法一定发生了转变。如果他们的想法没变，他们最初想了解并遵守纽卡斯国法的愿望得以坚持，那么，我们几乎没有理由说他们曾抛开我们的法律转而去制定一部新的社会契约。

现在我们知道，在国家拒绝回答探险者的问题以后，困在洞里的人们没有再发出无线电信号。在营救团队里的人认为山洞里的无线电电池一定是没电了，但是这被证实并非实情。如果电池果真是没电了，无线电信号没了并不能说明什么问题，我们很难做出什么推测，它可能意味着探险者改变主意了，也可能意味着设备坏了。在审判的时候，他们可能会咬定说是他们在洞里改变了主意，创造了一个新的国家；但是我们也总是可以怀疑他们出于策略上的考虑编造了假话。但是因为我们知道电池仍然可以供电，那么，我们也就知道探险者是故意且自愿停用无线电设备的。

这个事实表明，在纽卡斯国的法律拒绝了他们以后，他们拒绝了纽卡斯国的法律，起草了他们自己行为规范的法典来对付困境。这支持了认为探险者搞了场和平革命的观点。

法律源于合意和契约的历史原则对解读这个案件最最重要。当然对此案的解读关键还在于探险者无线电设备中的电池。如果电池已经没电了，我们的解读就只能系于完全的推测。好了，我是很小心的，我不会说这种解读是对的，并继而得出结论说被告是有罪的还是无辜的。毕竟我已经放弃了对这个案件的事实下结论的权利。我决定如下：电池保有电量的能力同这个案件的结果息息相关，由于我过去同那个有关测试和监控电量的设备的诉讼有牵连，我不得不自行退出。

很抱歉，我回避。

尾 声

与五十年前一样，由于最高法院正反观点相当，初审法院的有罪判决和量刑被维持了。按照命令，刑罚将于 4350 年 4 月 3 日上午六点执行，届时公共行刑官将依法采取尽可能快速有效之方式将被告绞死。

跋

　　《洞穴奇案》中译本最早于 2006 年 5 月在香港出版，作为商务印书馆（香港）有限公司推出的"通识阅读"系列丛书之一。香港版没有学者推荐或导言，只有一篇关于通识阅读的总序。台湾版于 2007 年 1 月出版，去掉了香港版中的总序，增加了曾志朗等两位先生的推荐以及廖元豪先生的导读。2009 年 6 月三联书店将本书引入大陆出版，进一步增加了赵明先生的导读。2012 年 4 月三联书店将本书列入《新知文库》，编排新版发行。

　　本人成为《洞穴奇案》的译者纯属机缘巧合。2005 年 10 月，吴兴元兄得知商务印书馆（香港）有限公司正在物色译者，把我推荐给当时的编辑，试译合格后，商务印书馆（香港）有限公司决定请我翻译，期限是 40 天。考虑到时间太紧，为了确保翻译质量，我请求商务印书馆（香港）有限公司允许我邀请当时比我更有学术翻译经验的张世泰兄合作，经同意后，我们先各译一半，然后互校，最终按期完成。当时翻译本书主要为了打磨自己的语言和学术功底，重在过程的切磋交流，并未料到此书在香港出版后能创下 4 个月内重印 3 次，7 天香港书展期间热卖 2000 册的记录，更未曾想过后来引入大陆后会频频被列入各类经典书单。

去年吴兴元兄通过后浪出版公司购得版权，邀我修订译文，我感到义不容辞，不假思索地答应了。从事法律实务工作十余年后，重新推敲译文，除了力求更加准确反映原文之外，希望表达能更加明白晓畅。尽管如此，并不能保证读者阅读此书就能更加轻松。所有的理解和表达都包含前见，不同阅历和知识背景的人阅读此书所感受到的挑战和愉悦注定是不同的。同时，阅读译著，往往会觉得跟中国的实践隔着一层。如何触类旁通，打破这种隔阂，也是需要读者通过自身努力来完成的。

译无止境。此次重校，虽不遗余力，舛误仍在所难免，敬祈方家不吝指正。

陈福勇

2019 年 5 月 25 日于北京寓所

出版后记

《洞穴奇案》一书自译作中文出版，已入选各大经典人文类书单，最初虚构本案的富勒可能也未预想到它最终会被如此大范围地讨论，而不仅仅局限于法学院学生的课堂。究其原因，很重要的一点是，它刚好满足了国内知识界对培养现代公民、提升民众理性思辨能力、建设现代法治社会的需求。时至今日，本书依然是各大高校的必读书目，并出现在各种新型知识类媒体的推荐名单里，可见其长久之价值。

在此次推出新版的过程中，我们请译者陈福勇先生重新校订了译文，在此对他的辛勤工作表示感谢，并希望这个新的版本能够更好地服务于各位法律学子和普通读者。此外，由于编辑能力有限，错误在所难免，期待各位读者指正。